W0183898

Florin Müller
Die Reise zum leuchtenden Stern
oder
Ein Astronaut im Weltall

Florin Müller

Die Reise zum leuchtenden Stern
oder
Ein Astronaut im Weltall

Sich einlassen zulassen: Erfahrungen eines autistischen rumänischen Adoptivkindes

Mit begleitenden Texten von Birgit Müller

Bibliografische Information der Deutschen Nationalbibliothek:
Die Deutsche Nationalbibliothek verzeichnet diese Publikation in der Deutschen Nationalbibliografie; detaillierte bibliografische Daten sind im Internet über www.dnb.de abrufbar.

Florin Müller, ›*Die Reise zum leuchtenden Stern*‹

Titelabbildung: ›*Lebensstern*‹ von Julian Bodem, 2015
Gestaltung und Verlag: Ganymed Edition, Hemmingen
ISBN 978-3-946223-43-6

Printed in Germany

Für Helge, Birgit, Olivier, Cynthia und Benedikt,
die mich ständig ertragen müssen

Inhalt

›Leben ist ganz schwer für Autisten,
denn Autismus
umgräbt das Sein mit dicken Mauern
und hat keinen Durchgang frei geklopft für
friedvolle Befreiung‹

›Ich jage durch das tiefe Zeitalter
von Gestalten, die mich entsetzlich
schmerzen.
Es ist schwer, die Gestalten sicher
tief
unter großen Hügeln von
Bewusstsein zu besänftigen‹

(Gedanken von Florin Müller, 2011)

›HAHN‹ (von Leon Junker, 2015)

›Morgen ist gekommen,
Finsternis hat Kampf verloren.‹
(Kommentar zu ›HAHN‹ von Florin Müller, 2015)

Vorbemerkungen I:
Hanne Kloth, Florin Müllers Therapeutin

Geboren in die Armut Rumäniens der 90er Jahre, vom eigenen Vater im Alter von drei Monaten abgegeben in ein Waisenhaus, fast vier Jahre unter menschenunwürdigen Bedingungen gelebt, gelitten und eventuell gehofft, wiederholt von adoptionswilligen Paaren abgelehnt – bis endlich die Erlösung kam, Erlösung von dem Leben in einem Kinderheim in Slobozia zur Zeit nach dem Sturz Nicolae Ceauçescus, des rumänischen Diktators. Aber: wirklich vollkommene Erlösung? Ist diese, einmal abgesehen von den traumatischen Erfahrungen, überhaupt möglich? Möglich in einer Welt des Chaos?

Der junge Autor lädt Sie, seine Leser, ein, ihn zu begleiten, an seiner Verzweiflung ebenso teilzuhaben wie an seiner Hoffnung, an der Hoffnung, traumatische Erinnerungen zu verdrängen sowie zu versuchen, in der zuvor angesprochenen Welt des Chaos zu überleben. Denn Florin Müller ist nicht nur ein Adoptivkind aus einem rumänischen Waisenhaus, sondern auch Autist. Er leidet unter dem sogenannten Kanner-Syndrom, ebenfalls unter der Bezeichnung frühkindlicher Autismus bekannt.

Der Verlauf autistischer Störungen ist generell sehr unterschiedlich. Festzuhalten ist aber, dass es sich bei Autismus generell um eine Mehrfachbehinderung handelt, die zum gegenwärtigen Zeitpunkt noch nicht geheilt werden kann. Kinder mit Kanner-Syndrom werden vorrangig in Schulen für Geistigbehinderte unterrichtet. Die Verknüpfung von geistiger Behinderung und Autismus entsteht meist aus Symptomen wie auffälligen Verhaltensweisen, Störungen der Motorik, der Mimik und des gesamten Ausdrucks sowie aus häufig fehlenden oder nur schwach ausgeprägten Fähigkeiten der verbalen Sprache, um nur einige Kriterien zu nennen.

In solch einer Sonderschule bin ich 2011 dem damals 17-jährigen Florin Müller begegnet. Spontan zog er mich in seinen Bann. Ich erlebte einen Jungen mit besonderer Ausstrahlung, einen Jungen, der mich förmlich zu dem ›Wagnis‹ zwang, zu ›entdecken, wer er wirklich ist‹.

Wieso konnte ein Junge, dem man 100-prozentige geistige Behinderung attestiert hatte, mittels Gebärden und Anlautieren von Wörtern so flott und so beharrlich verhandeln, um den für sich günstigen Part rauszuholen, wie es Florin in beeindruckender Weise mit seiner Lehrerin machte? So wurde ich neugierig und bot Florin eine besondere Methode an: die ›Gestützte Kommunikation (FC = facilitated communication)‹.

Dies ist eine Methode, die man im erweiterten Sinn dem großen Bereich der ›Unterstützten Kommunikation‹ zuordnen kann. Dadurch erhalten einige Menschen mit kommunikativer und handlungsinitiierender Beeinträchtigung – zum Beispiel nicht sprechende Autisten wie Florin – eine Möglichkeit, durch gestütztes Zeigen auf Bilder, Objekte oder auch auf Buchstabentafeln zu vermitteln, was sie möchten, was sie bewegt. Florin nahm das Angebot von FC begierig an und wollte von sich aus bereits nach kurzer Zeit weniger körperliche Stütze. Und er machte mich und alle anderen um ihn herum bekannt mit dem Menschen, ›der er wirklich ist‹.

Heute schreibt er fast frei, das heißt: Er benötigt entweder gar keine körperliche Stütze mehr oder nur noch einen leichten Impuls am Ärmel oder am Rücken. Dies ist stark situationsabhängig und daher variabel.

Aber nun soll Florin zu Wort kommen. Dies ist sein Buch. Und er kann Ihnen viel besser seine ›Welt des Chaos‹ darlegen und beschreiben, als ich es könnte. So bekommen Sie auch schon einmal eine kleine Vorahnung davon, was Sie beim Lesen des Buches erwartet.

Vorbemerkungen II (und ein Spiel): Florin Müller

> ›*Unfein und laut fechten doofe, gewiefte Dummköpfe im ganzen meinem Machtkampf losen Körper.*‹ (F. M.)

Diesen Gedanken, den ich 2011 niederschrieb, möchte ich Euch erklären, indem ich Dinge so beschreibe, wie ich sie erlebe. Ich empfinde alle Tage als extrem schwer zu überstehen. Für mich bedeuten sie Unruhe und eine anstrengende öffentliche Beanspruchung. Damit meine ich, dass ich ohne Hilfe nicht die erforderliche Stärke besitze, um die Beanspruchungen zu ertragen. Julian, ein autistischer Freund von mir, beschrieb einmal unser Sein so:

> ›*Autismus ist eine schlimme Seinwahrnehmungsstörung. Es ist ein schrecklicher täglicher Kampf, in dem starke dunkle Gestalten zwingend unser Leben übernehmen und jeden törichten Gedanken aufgreifen, um uns jeden Tag des Lebens schwer zu machen.*‹ (Julian Bodem, 2006)

Viele unter Euch glauben, dass wir Autisten die Einsamkeit suchen und keinen Kontakt zu Euch lieben. Das ist nicht richtig: ›Dicke Mauern‹, errichtet durch eine fremde, feindliche, uns beherrschende Macht unterdrücken und erdrücken unser Verlangen, ein Euch gleiches Element dieser Welt zu sein – Eurer Welt, die uns nur schwer zugänglich ist. Was ich Euch im Verlaufe des Buches noch genauer erzählen werde: Einsamkeit tötet. Jahrelang tötete sie mich und nicht nur mich, sondern auch die anderen erbärmlichen Wesen, die, wie ich, verlassen von ihren Eltern ein grauenhaftes Dasein im Waisenheim verbringen mussten. Einsam, da verlassen, da allein gelassen, da sich selbst überlassen, ohne je ein liebes Wort zu Ohr zu bekommen. Ich weiß es nicht, ich bin kein Gelehrter, aber vielleicht war diese furchtbare Zeit Nahrung für den Autismus und verhalf dem Feind in meinem Körper zum Gedeihen, zum Heranwachsen zu übermenschlicher Kraft und Gewalt. Vielleicht hätten liebevolle Eltern den Feind früh vernichten können oder zumindest aufgepasst, dass er nicht zu stark würde. Ich aber hatte niemanden, der danach guckte, und die Einsamkeit fütterte den Gegner in mir. Ich weiß es nicht, aber es könnte sein, denn ich habe so etwas einmal im Radio gehört.

Ich möchte mich an dieser Stelle nicht in Gedanken und Träume verlieren, sondern lieber versuchen, Euch einmal zu beschreiben, wie ich empfinde, wie ich höre, wie ich sehe, auch wenn es schwer ist. Ich kann nur hoffen, dass Ihr es versteht.

Ich überhöre nichts. Alles donnert in jeweils derselben intensiven Lautstärke auf mich ein. Ich kann nicht sortieren, also nichts, was ich höre, verdrängen. Und was Ihr vielleicht gar nicht verstehen könnt: Jedes mir zu Ohren kommende Wort ist nur ein Gewirr aus auf mich einströmenden Lauten. Daraus sinnvolle Wörter zusammenzufügen ist praktisch oft gar nicht möglich für mich. Es ist brutal. Oft würde ich gerne das machen, was Ihr mir sagt, es verstehen, aber manchmal geht es nicht, weil ich die

Laute nicht sortiert bekomme. Und wenn es mir dann endlich mühsam gelungen ist, habt Ihr schon resigniert, weil ich nicht entsprechend schnell reagiert habe.

Hinzu kommt, dass es oft so lange dauert, bis ich Eure Worte zusammengesetzt habe, dass Ihr bereits weitere Laute auf mich habt einströmen lassen und mein Gehirn – völlig überfordert – das ursprünglich an mich Herangetragene bereits wieder vergessen hat. Es tut mir so leid, aber ich kann an bestimmten Empfindungen einfach nichts ändern. Sehe ich zum Beispiel ein Gebäude, so besteht es für mich aus vielen einzelnen Elementen, aus Dutzenden von Dingen, einem Wirrwarr, das jeder Ordnung entbehrt. Wenn ich Euch richtig verstehe, so nehmt Ihr Dinge anders wahr. Ich glaube, Ihr seht zuerst das Ganze und dann erst, wenn Ihr wollt, seine Einzelheiten. Ich hingegen bin zunächst fokussiert auf Einzelelemente, von denen ich nur mit großer Anstrengung meinen Blick abwenden kann, um langsam alles zu einem Ganzen zusammenzufügen.

Da ich vermute, dass Ihr dieses nur schwer verstehen könnt, möchte ich folgendes ›Spiel‹ mit Euch machen. Ihr seht rechts ein Bild. Schaut Euch, liebe Leser, das Foto an. Überlegt, was Ihr seht, was Ihr dabei denkt. Und erst dann blättert Ihr bitte um und schaut auf der folgenden Seite nach, was ich spontan sah, was meine spontanen Gedanken waren.

Und das hier fiel mir spontan zu dem Foto ein. Sicher könnt Ihr feststellen, dass sich unsere spontanen Sichtweisen unterscheiden, so dass Ihr nun vielleicht besser versteht, was ich Euch zuvor zu erklären versuchte.

Türen sind nutzvoll,
Türen verbergen Einsicht
und
ruhig erdulden sie gesetzte Aggression
in Gestalt von Scherz,
der kein Scherz ist.
Wem gefällt so sinnlose Kunst?
Unkunst!
Türen im Dasein des Menschen,
gebraucht,
missbraucht.

Zum Schluss möchte ich noch kurz darlegen, was mir einen Tag zusätzlich erschwert. Mein Interesse, welches meine Kraft, Situationen zu ertragen und zu bewältigen, fördert, ist besonders ausgeprägt für interessante und komplizierte Dinge, die ich dadurch oft besser meistere als einfachere. Dem für Euch eigentlich Einfachen diene ich oft, zu oft, unterwürfig und ordne mich ihm ohne Verstand und auch ohne Herz unter. Der mich dann jagende und beherrschende Untrieb ohne Kopf gehört dem Autismus.

Es tut mir leid für Euch und stimmt mich sehr traurig, dass ich so schwach bin. Ich finde außerdem nur selten Ruhe, auch nachts werde ich gejagt und von inneren Kräften immer weiter vorangetrieben, was besonders für meine Eltern sehr sehr schlimm ist. Glaubt mir: Ich würde gerne viel ruhen, aber Uhrwerke geben den Richtungswechsel mit viel Druck an und stören meinen Drang, bei gemütlicher Teestubenfaulheit zu ruhen.

Vorbemerkungen III: Erneut Hanne Kloth

Mit diesen Ausführungen des jungen Autors möchte ich unsere gemeinsamen Vorbemerkungen abschließen und Sie in seine Beschreibung seines Lebens entlassen, seine Aufforderung, *›Hoffnung und Mut nie aufzugeben‹*, das Leben mit seinen häufig unlösbar erscheinenden Aufgaben anzunehmen und anzugehen. Florin Müller möchte mit seinem Buch keine Abhandlung über Autismus oder über Deprivationsfolgen geben, sondern er möchte versuchen, dass der Leser Parallelen zwischen seinem eigenen und dem Leben des Autors finden und daraus Erkenntnisse für seine eigene Lebensbewältigung ziehen kann.

Anmerken möchte ich noch, dass die Ausführungen von Florin Müller von Texten seiner Adoptivmutter (kursiv gedruckt) begleitet werden. Besonders interessant ist dies in den Kapiteln, die sich auf die Zeit in und kurz nach Rumänien beziehen, da Florin Müller sich daran nur schwach erinnern kann. Übrigens: Alle Gedichte in diesem Buch stammen von Florin Müller. Und alle Bilder, die in diesem Buch gezeigt werden, haben ausnahmslos behinderte Menschen gemalt.

Botschaft an die Leser meines Buches

Hiermit möchte ich erreichen,
dass trübe, essentiell gegen Euch selbst
gerichtete freudlose Gedanken
weichen
und Euch
hoffnungsgeladenen Durchbruch wollen,
erreichen und auch akzeptieren lassen.

Während ich über viele Jahre, zu viele Jahre in hoffnungslosem Dasein anwesend war – wohl gemerkt, nur anwesend, denn Leben kann man diesen Seinszustand nicht nennen –, beginne ich nun, nicht mehr nur zu wünschen. Sondern auch daran zu glauben, endlich einen wesentlichen Schritt im Leben erreichen zu können. Und wage es daher, bereits dieses Ziel als Leben zu bezeichnen und nicht mehr nur als Anwesendsein.
Unglaublich dankbar bin ich, dass ich die Möglichkeit erhielt, am Laptop oder an einer speziellen Buchstabentafel schreiben zu können, denn ich bin ohne sinnvolle Sprache. Nur mit Gebärden und knappen, Euch oft nicht verständlichen Lautbildungen, konnte ich bis dahin versuchen, Euch meine Wünsche und Empfindungen nahe zu bringen, leider oft erfolglos.

Allzu oft schrie – und schreit immer noch – mein rasendes Inneres, ohne die Freiheit, das Glück, sprechen zu können zu besitzen, nach Hilfe, danach, dass einem törichten bis sogar kopflos handelnden Körper Halt gegeben wird.

Ohne den Schreibprozess könnte sich mein klobiger, ohne Wollen handelnder Körper nur schwach weiter entwickeln. Durch das Schreiben aber kann ich zeigen: Es ist intellektuelles Sein in mir und Feingespür, auch wenn ich fürchte, Ihr glaubt es, voreingenommen durch mein Verhalten, nicht richtig.

In meinem bisherigen Leben habe ich Schreckliches erleben müssen. Nicht nur als Gefangener im Autismus. Sondern auch als menschliches Wesen in einem unmenschlichen Umfeld, und zwar in einem Waisenheim in Rumänien. Über all die Jahre meiner Sprachlosigkeit, meiner Mitteilungslosigkeit, musste ich all das Schreckliche, all das nach Mitteilung Schreiende, das ich früher und auch noch heute erlebte und erlebe, in mir bewahren wegen meiner Sprachunmündigkeit.

Belastende Situationen, die ich erfuhr oder, wie gesagt, auch immer noch erfahre, nur ruhig ertragen zu müssen, kostet mich viel Kraft. Kraft, die ich nicht alleine in mir aufbringen kann und die daher leider allzu oft in unwillentlich gesteuerten, Euch daher unverständlichen Aktionen aus meinem Innern herausbricht. Meiner Einschätzung nach kann kein Mensch dieser Welt, selbst wenn er nicht autistisch ist, dauerhaft alleine Kraft genug aufbringen, um belastende Dinge in sich gekehrt ertragen zu können, ohne Schaden davon zu nehmen.

Ich weiß es nicht, ich vermute es nur, denn ich kenne Eure innere Welt, Eure Kraftressourcen nicht. Ihr schreit zwar nicht laut und für andere unverständlich, da Ihr dies steuern und unterdrücken könnt. Aber ich glaube, auch Ihr leidet und mit diesem Buch, das mein Leben aufzeigt, möchte ich ein Stück dazu beitragen, dass Ihr die Hoffnung nie aufgebt und den Mut nie verliert und an Euch und an Eure Zukunft glaubt.

Ich möchte Euch, die Ihr mir zur Seite steht, riesengroßen Dank aussprechen für Eure Hilfe, Hilfe durch Entgegenbringen von Vertrauen, von Verstehen. Und Euch, Leser dieses Buches, für Euer Interesse. Nur durch Eure Hilfe und Euer Interesse an meinem Sein erlebe ich, ohne rasende innere Unruhe, einen Zug Richtung feinerem Leben auf unserem interessanten Planeten. Ich spüre, dass ich unseren gemeinsamen Planeten auch handelnd erobern und dadurch etwas Nützliches beitragen kann zu den obersten Geboten eines menschlichen Zusammenlebens, Gebote, die da sind: Frieden, Hilfe, Verständnis, Notlinderung und Liebe.

Abschließend möchte ich diese ersten Gedanken mit zwei Wünschen verbinden, die mich persönlich betreffen. Sie sind entstanden aus meinen Erfahrungen und dem Bewusstsein, dass ich Euch, die Ihr mir nahe steht, vor allem meinen Eltern, so viel Leid zufüge. Leid, das ich eigentlich gar nicht zufügen will und doch kann ich es nicht verhindern:

- Ich möchte besinnlich werden; damit meine ich, die schrecklichen, für alle ziemlich belastenden Schrei- und Wutausbrüche kontrollieren und unterbinden können.

- Ich wünsche mir, später einmal ein Gelehrter für Geschichte werden zu können, weil ich einen tiefen, sehr gründlichen Einblick in Zusammenhänge von geschichtlichen Ereignissen erfahren möchte, um vielleicht dadurch eher zu verstehen, was Menschen dazu bringen kann, oft so grausam zu sein.

Ob diese Träume in Erfüllung gehen, weiß ich nicht, aber auch Ihr solltet nie auf Wünsche und Träume verzichten, auch wenn sie Euch unerreichbar erscheinen. Denn Schein kann trügen und darauf sollte man immer hoffen.

Träume

richtungsweisende Wünsche
richtungsweisend
weil sie es schaffen
sich selbst in wundervollen Ereignissen
treiben zu lassen
treiben zu lassen
ohne Gefühl von Ketten und Grenzen
und dennoch
richtungsweisend
da
Möglichkeiten weisend
für eine schönere Realität (Dezember 2013)

Der leuchtende Stern

›Hoffnungslose Unendlichkeit! Nichts! Hilfe gibt es nicht! – richtig oder falsch?‹ (F. M.)

Beginnen möchte ich die Geschichte meines bisherigen Lebens mit einem Gedanken-Gedicht*, das ich speziell als Leitbild dieses Buches geschrieben habe: ›VERZWEIFLUNG – DURCHBRUCH – AUFBRUCH‹ (s. Seite 28).

Es ist zu vermuten, dass Unverständnis bei Euch regiert über den Untertitel meines Buches. Ruhig und ohne große Hetze möchte ich daher nun einen tiefen Einblick geben in den Sinn des wahrscheinlich Euch fremd anmutenden Vergleichs zwischen einem Astronauten und mir. Und darüber, was es mit dem leuchtenden Stern auf sich hat.

Was verbindet mich mit einem Astronauten? Beide können wir nur durch zusätzliche Hilfe leben und überleben. Dass sich ein Astronaut im Weltall gegen eine tödliche Umgebung, gegen Feinde verschiedener Art und großer Brutalität behaupten und folglich auch überleben kann, funktioniert nur, weil er Hilfe erfährt, die jedes menschliche Leben erhält. Ohne diese flöge er unkontrolliert und hilflos, durch fremde Kräfte gelenkt, willenlos einer unendlichen, schutzlosen, unbekannten Welt entgegen.

---

* Als Gedanken-Gedichte bezeichne ich alle Gedichte, die ich schreibe und von denen mehrere in diesem Buch zu finden sind.

So ginge es auch mir, ohne Hilfe. Ich erkannte Euer Leben nur in Begleitung schwerer Erlebnisse. Ihr werdet es später lesen. Niemals wäre mir das bislang Erreichte auch nur vage möglich gewesen, wenn ich keinen guten Kontakt zu hilfreichen Menschen gehabt hätte. Hilflos würde ich jetzt, ohne Boden zu spüren, ruhelos umherirren und schutzlos durch fremde Seinswelten fliegen.

(BIRGIT MÜLLER) *Vor elf Jahren starb meine Mutter, da war Flo 10. Ich erzählte ihm, die Oma ist im Himmel und ist jetzt ein Stern und ich zeigte ihm einen großen hellen Stern am Nachthimmel. Noch heute sagt er, wenn er in sternklarer Nacht zum Himmel schaut und einen hellen Stern sieht: ›Oma‹. Ich glaube auch, dass er es macht, um mir eine Freude zu bereiten, was ihm auch gelingt, denn wir beide verbleiben dann für kurze Zeit schweigend nebeneinander in Ehrfurcht, Dankbarkeit und Liebe.*

Ich denke, Ihr versteht nun, warum ich mein Buch so nannte, wie ich es nannte: ›DIE REISE ZUM LEUCHTENDEN STERN‹. Und warum ich ihm diesen Untertitel ›DER ASTRONAUT IM WELTALL‹ gegeben habe.

Ich stärke mich nur mit guter, liebevoller und gezielter Hilfe. Ich brauche Euch, um leben, überleben zu können. Und nun zurück zur Frage in der Überschrift dieses Kapitels. Die Antwort lautet: falsch! Es gibt sie, die Hilfe. Erinnert Euch bitte in dem Zusammenhang an die Botschaft, die ich an Euch, meine Leser, zu Beginn gerichtet habe und die ich an dieser Stelle noch einmal, sozusagen als vorgegriffene Moral des Buchs, wiederholen möchte:

Ich möchte erreichen,
dass trübe, essentiell gegen Euch selbst gerichtete
freudlose Gedanken weichen
und
Euch hoffnungsgeladenen ***Durchbruch***
wollen*,*
erreichen *und auch*
akzeptieren *lassen.*

Verzweiflung – Durchbruch – Aufbruch

Suche nach ruhigem Dasein
Erwarten endgültigen Ruhezustands
Denken an bessere Hilfe
Hoffnung auf schönes Leben
trübe Gedanken als stetiger Begleiter

Erbarmen eines hilfreichen Retters

sorgenvolles Sein findet Durchbruch
Himmel öffnet sich
Sorgen dieser Welt deckt ein herrliches Gefühl zu
Stark ist der Gedanke an die Freude himmlischen Lebens
auch tiefste Hoffnungslosigkeit weicht ihm kleinlaut
durchdringende Gestalt von neuer Kraft wohnt im

einst diffusen Körper

erfasst sehr aufmerksam Euer Zeichen
macht Euch auf den Weg
bevor er wieder verschüttet ist (Januar 2014)

Universum – Autismus

Im Universum:

Unkontrolle
ohne jeden Kraftimpuls sicherer Erde
Energiezufuhr vieler Techniken nötig,
um jeder Gefahr zu widerstehen,
um Ziel zu erreichen

Im Autismus:

Unkontrolle
ohne jeden Kraftimpuls für willentliches Handeln
Energiezufuhr anderer nötig für hoffnungsvollen Weg
Weg in wirkliches Leben,
Weg zum leuchtenden Stern

zum leuchtenden Stern, einem Stern,
der mich liebt, der mich so liebt wie ich bin,
einem Stern
der Verheißung glücklichen Seins (2014)

Erinnerungen und Hoffnungen der Adoptivmutter

(BIRGIT MÜLLER) *Der Weg ist das Ziel. Wenn das Ziel fern ist, ist der Weg lang. Im Sommer 1997 entschlossen wir uns, ein Kind zu adoptieren und nahmen Kontakt mit dem Jugendamt auf. Dort sagte man uns, dass wir für eine Adoption besser ins Ausland gingen, da es bei uns doppelt so viele Bewerber wie Kinder gäbe und die Wartezeit in Deutschland Jahre betrage. Anfang 1998 nahmen wir dann an einem Wochenendseminar teil und entschieden uns im Anschluss, ein Kind aus Rumänien zu adoptieren. Noch im Juli desselben Jahres erreichte uns der ersehnte Kindervorschlag, in dem uns, zusätzlich zur Kopie eines Passfotos des Kindes, lediglich Eckdaten mitgeteilt wurden: Name, Geburtsdatum, Herkunft (s. Seite 33).*

Der leibliche Vater des uns vorgeschlagenen Kindes war Tagelöhner, konnte seine vier Kinder, nachdem seine Frau kurz nach der Geburt des vierten Kindes verstorben war, nicht mehr alle ernähren und hatte daher das Neugeborene in ein Kinderheim ab- und zur Adoption freigegeben. Inzwischen war dieses Kind, ein Junge, fast vier Jahre alt. Mehr erfuhren wir nicht, nichts über Großeltern, die sich kümmerten, nichts über den Gesundheitszustand des Kindes, nichts. Noch Ende desselben Monats flogen wir nach Rumänien, um uns das Kind anzuschauen. Sofort war uns klar, dass Florin mit zehn Kilogramm Körpergewicht und einer Größe von 80 Zentimeter nicht gesund sein konnte, vor allem da er weder laufen noch stehen konnte. Abgesehen davon aber machte er einen recht aufgeweckten Eindruck und hatte ein einnehmendes Wesen.

›Wenn das Ziel fern ist, ist der Weg lang‹

Über die Zustände im Heim kann ich nur sehr wenig sagen. Der Besucherraum war zwar karg eingerichtet, aber schön gestrichen. Wie wir jedoch erfuhren, hatte das eine österreichische Hilfsorganisation gemacht. Ein kurzer Blick in das Kinderzimmer war eigentlich nicht für unsere Augen bestimmt, was wir aber erblicken konnten, war erschreckend: Gitterbettchen, eins neben dem anderen, keine Decken, keine Kissen. Die Kinder lagen spärlich bekleidet, teils nur mit einem Unterhemd oder sogar nackt, auf den Matratzen. Fotografieren oder weitere Einblicke wurden uns nicht gestattet. Wir hatten die Ware

Kind zu bezahlen und keine Fragen zu stellen. Fragen, deren Antworten ohnehin nur gelogen gewesen wären, genau wie auch die Antwort auf unsere Frage, ob der Junge behindert sei. Dies wurde verneint und man verwies nur darauf, dass er ein körperlich sehr schwächliches, aber ansonsten gesundes Kind sei. Außerdem machte man uns klar, dass Florin, wenn wir ihn nicht nähmen, nicht mehr vermittelt würde (man nannte als nächste Station für ihn ›Heim für Nimmerlose‹), da er bereits zweimal von adoptionswilligen Paaren abgelehnt worden sei.

Konnten wir da noch ablehnen? Konnten wir solch ein süßes Kind einer ungewissen und eher furchtbaren Zukunft überlassen? Auf unsere Frage, was ›Heim für Nimmerlose‹ bedeute, gab man uns nur die Antwort: »Das wollen Sie gar nicht wissen.« Selbstverständlich konnten wir den kleinen Kerl nicht solch einem Schicksal überlassen und willigten in die Adoption ein. Nun nahm alles seinen Lauf und im Nachhinein muss man leider ganz klar sagen, dass Adoption ein Geld bringendes Geschäft ist, an dem sich viele bereichern und geschmiert werden wollen, damit Papiere schnell und unkompliziert ausgestellt werden können. Allein die Übersetzung der Papiere – was wir nicht in Deutschland machen lassen konnten, sondern was in Rumänien erfolgen musste – kostete 750 DM. Die anschließende Rückübersetzung in Deutschland belief sich auf lediglich 35 DM. Alles in allem hat uns die Adoption 20.000 DM gekostet, wobei wir alles in US-Dollar zahlen mussten.

Ende September war es dann so weit. Wir flogen nach Rumänien, um Florin abzuholen. Was dann folgte, war ein nie zuvor für möglich gehaltener Ärztemarathon, der uns unendliche Kraft kostete, und zwar, wie wir heute wissen, nicht nur meinen Mann und mich, sondern auch unseren kleinen Sohn.

Da sein Kopf normal groß war, aber auf dem kleinen gebrechlichen Körper überdimensional wirkte, bestand zunächst Verdacht auf Wasserkopf, der aber nach eingehender Untersuchung Gott sei Dank nicht bestätigt wurde. Auf meine Frage an den Arzt, der diese Untersuchung durchgeführt hatte, wie ich so ein schwaches, körperlich retardiertes Kind fördern könne, bekam ich die Antwort: »Wo nichts ist, kann man nichts fördern.«

Schock und Verzweiflung überkamen mich. Das durfte, konnte nicht wahr sein. Wir nahmen alles an Fördermöglichkeiten wahr, um unseren Schatz die Jahre, die er unter menschenunwürdigen Bedingungen verbracht hatte, aufholen zu lassen, und zwar körperlich wie geistig. Er bekam Ergotherapie, Logopädie und ging zur Frühförderung.

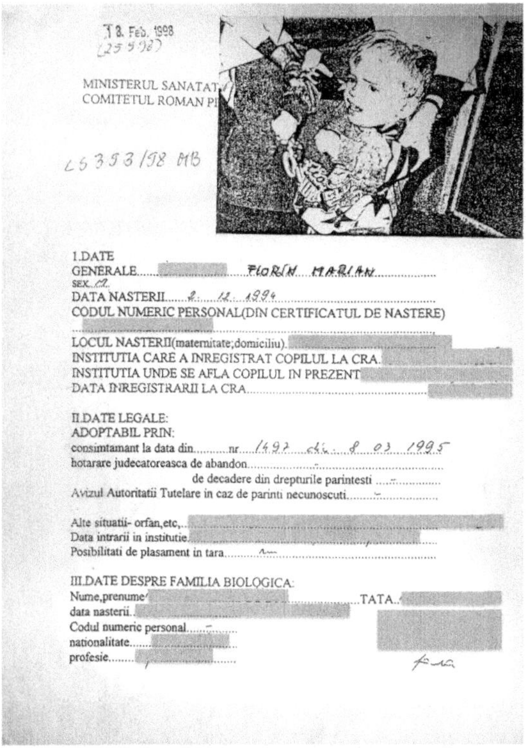

18. Feb. 1998
(25 5 98)

MINISTERUL SANATAT
COMITETUL ROMAN P

25353/98 MB

I.DATE
GENERALE [redacted] FLORIN MARIAN
SEX M
DATA NASTERII 2. 12. 1994
CODUL NUMERIC PERSONAL(DIN CERTIFICATUL DE NASTERE) [redacted]
LOCUL NASTERII(maternitate;domiciliu). [redacted]
INSTITUTIA CARE A INREGISTRAT COPILUL LA CRA. [redacted]
INSTITUTIA UNDE SE AFLA COPILUL IN PREZENT [redacted]
DATA INREGISTRARII LA CRA [redacted]

II.DATE LEGALE:
ADOPTABIL PRIN:
consimtamant la data din nr 1497 din 8 03 1995
hotarare judecatoreasca de abandon -
de decadere din drepturile parintesti -
Avizul Autoritatii Tutelare in caz de parinti necunoscuti -

Alte situatii- orfan,etc, [redacted]
Data intrarii in institutie [redacted]
Posibilitati de plasament in tara -

III.DATE DESPRE FAMILIA BIOLOGICA:
Nume,prenume [redacted] TATA [redacted]
data nasterii [redacted]
Codul numeric personal -
nationalitate [redacted]
profesie [redacted]

Dokument ›Kindesvorschlag‹

Mit dem Wissen, das ich heute habe, würde ich die Dame von der Frühförderung umgehend wieder nach Hause schicken. So machten wir unsere Erfahrungen, aber trotz allen Bemühens entwickelte sich unser Flo nicht und außer seinem Gewicht verbesserte sich nicht wirklich etwas.

So sehr wir uns auch bemühten, ihm Möglichkeiten anzubieten, mit anderen Kindern zu spielen, er zeigte kein Interesse an ihnen. Auch sein Spielverhalten, wenn man es überhaupt so nennen konnte, entwickelte sich nicht, es blieb unverändert. Nur Dinge, die sich drehten, waren interessant und zogen seine Aufmerksamkeit für Stunden an: Bälle oder Räder, egal ob an Autos, Koffern, Stühlen und so weiter. Florin lernte zudem nicht kauen und nicht sprechen.

Es scheint jedem einleuchtend, der das liest, dass wir uns große Sorgen machten und eine Klinik nach der anderen aufsuchten, wo man uns jedoch immer wieder nach Hause schickte mit der Begründung, so ein Kind brauche Zeit, man könne noch keine Diagnose stellen. Wir hofften und hofften. Das einzige aber, was wir feststellen mussten, war, dass es nicht besser, sondern eher schlimmer wurde. Je mehr sich der Ernährungszustand von Florin besserte, je kräftiger er wurde, umso anstrengender wurde er auch. Er schlief fast gar nicht, wurde immer autoaggressiver und schrie Tag und Nacht. Es war furchtbar: Er riss sich die Haare büschelweise aus, biss sich die Hände blutig und schlug seinen Kopf solange gegen Schränke oder Wände, bis er blutete. Es verging fast kein Monat ohne schwere Verletzungen, die in einer Klinik behandelt werden mussten. Wenn Flo sich Platzwunden am Kopf geschlagen hatte und er die Wunde geklammert bekam, so entfernte er zuhause umgehend diese Klammern selbst mit dem Stiel eines Löffels. Mein Mann und ich waren mit den Nerven am Ende. Wir werden bis heute nicht die schlimmsten zwei Wochen vergessen, die wir zu der Zeit erlebten: Florin schrie ohne zu schlafen fast die ganze Zeit durch – unvorstellbar, aber wahr. Zu all unseren Beobachtungen möchte ich René Hoksbergen zitieren, der genau diese Verhaltensweisen in seinem Buch über ›DIE FOLGEN VON VERNACHLÄSSIGUNG – ERFAHRUNGEN MIT ADOPTIVKINDERN AUS RUMÄNIEN‹ *eindrucksvoll darlegt:*

›Ein Besuch in solchen Kinderheimen macht Folgendes deutlich:

- es handelt sich um Kinder mit großen Unterschieden in ihren kognitiven Fähigkeiten, von überdurchschnittlich intelligent bis schwach begabt und weniger;

- die körperlichen Probleme sind sehr unterschiedlich, von kaum bis sehr behindert;

- diese Kinder weisen die bekannten Symptome des Aufmerksamkeitsdefizits und der Vernachlässigung auf, wie z.B. sich hin und her wiegen, den Kopf anschlagen und anderes stereotypes Verhalten, Selbstverstümmelung, Bindungsstörungen, impulsives Verhalten;

- diese Kinder sind in ihrer Entwicklung weit zurück;

- es kann davon ausgegangen werden, dass eine normale Erziehung vielen dieser Kinder keine ausreichende Möglichkeit bieten kann, ein vollwertiges Mitglied der Gesellschaft zu werden.‹[*]

Unser Wunschkind schrie, schrie und schrie, lehnte uns immer mehr ab, wollte keine Berührungen, sprach und kaute nicht. Kommentare dazu gab es in Hülle und Fülle, was uns die Situation nicht erleichterte. »Würdet Ihr durchgreifen, wäre er anders«, »Sag mal, sprichst Du nicht mit Deinem Kind? Sonst würde er ja reden!« oder »Dem gehört mal kräftig der Arsch gehauen.«

Es war die Hölle der Verzweiflung für uns; wie sehr hatten wir uns auf dieses Kind gefreut! Langsam wurde uns bewusst, warum man uns wahrscheinlich im rumänischen Heim unter emotionalen Druck gesetzt hatte. Aber wir gaben nicht auf, wir liebten unseren Sohn, standen jedoch völlig alleine: Therapeuten gaben ihn ab oder beendeten die Therapie einfach, indem man uns keine neuen Termine mehr gab.

---

* *Hoksbergen, René:* ›DIE FOLGEN VON VERNACHLÄSSIGUNG – ERFAHRUNGEN MIT ADOPTIVKINDERN AUS RUMÄNIEN‹, Wittlaerer Reihe, Band 7, Schulz-Kirchner Verlag, Idstein 2004, S. 29-30

Auch in Kliniken machten wir Erfahrungen, die uns sehr schmerzten, erhielten Kommentare, auf die ich zur damaligen Zeit nicht adäquat antworten konnte, da sie mich emotional zu tief verletzten. Neben vielen Bemerkungen zu Florins Körperbau, gekennzeichnet durch einen dicken Hungerbauch, der jedem direkt auffiel, möchte ich nur ein konkretes Beispiel aus der Zeit geben, als Florin erst kurz bei uns war. Es war eine Äußerung, die mich damals bis ins Mark traf. Ein Oberarzt einer großen Klinik fragte mich: »Wie kommt ein Kind, das mit vier Jahren so klein ist, von Rumänien nach Deutschland?«

Zu Hause erzählte ich meinem Mann von der Äußerung des Arztes und er meinte treffend zu mir: »Du hättest ihm sagen sollen: Zu Fuß und dabei hat er sich abgelaufen.« Das wäre mit Sicherheit die richtige Antwort auf die unverschämte Frage des Arztes gewesen, aber in dem Moment war ich sprachlos und konnte nur innerlich aufschreien und heulen, denn ich liebte den Kleinen, meinen Sohn.

Inzwischen hatte eine Kinderklinik 100 Prozent geistige Behinderung bestätigt. Internet hatten wir nicht, also fing ich 1999 an zu telefonieren. Überall, wo ein ›B‹ vermerkt war (B für Beratung) stellte ich mich vor. 2002 wurde Flo in eine Schule für geistige Entwicklung eingeschult. Das Zusammenleben mit ihm wurde immer schlimmer – seine Autoaggressionen, seine Verweigerungen, sein ständiges Schreien.

Damals lief im Fernsehen noch eine Talkshow mit Alfred Biolek. In einer dieser Sendungen stellte eine Mutter ihr Buch vor, das sie über ihren Sohn geschrieben hatte. Es hieß ›EINE FANTASIE GUCKT AUS DEM FENSTER‹. *Ich kaufte das Buch, las es und erkannte hier unseren Flo wieder. Schließlich landeten wir auf der Warteliste der Autismus-Ambulanz in Homburg. Dann, nach vielen Terminen, bekamen wir das Ergebnis: ›frühkindlicher Autismus, Zustand nach schwerer frühkindlicher Deprivation‹. Endlich hatte seine Behinderung einen Namen. Es war inzwischen 2004, aber nun konnten wir endlich gezielt etwas unternehmen.*

Ich besuchte Veranstaltungen über Autismus, las Bücher, schloss mich Elterngruppen an und mit der Zeit lernten wir, schlechte Therapeuten zu erkennen und uns von ihnen zu trennen. Schließlich fanden wir einen guten Ergotherapeuten und das Leben mit Florin wurde unter seiner Anleitung etwas besser. Verständnis in Teilen des Umfelds konnten wir aber leider nach wie vor nicht erwarten: »Autismus nennen es die einen, ADSH die anderen, so nennt man es, wenn man keine Lust hat, sein Kind zu erziehen«, war einer der vielen ›mitmenschlichen‹ Kommentare, die uns zu Ohren kamen.

Dennoch hatte ich das Glück, immer wieder Menschen kennenzulernen, die mich ein Stück weiter brachten. So besuchte ich Kurse in ›Unterstützter Kommunikation‹ (UK) und ›Gestützter Kommunikation‹ (GK) und auch in Gebärdensprache, so dass es leichter wurde, sich mit Flo zu verständigen. Auch Flo nahm diese Angebote, vor allem die Gebärdensprache, dankend an und wir konnten uns unterhalten, Wünsche äußern und Vereinbarungen treffen. Ein großer Fortschritt und eine große Bereicherung für uns alle, besonders aber für Flo, der endlich eine Möglichkeit hatte, seiner Wünsche nicht unbeachtet leben zu müssen.

Und dann hatten wir, besonders natürlich Flo, zweimal Glück. Durch Zufall wurde in der Schule eine neue Therapeutin auf ihn aufmerksam. Ihr fiel sein Ausdruck in den Augen und seine Pfiffigkeit auf, mit der er gebärdend verhandelte. So griff sie bei Flo GK in Form von FC auf. Er nahm das Angebot begierig an, wollte recht bald immer weniger Stütze, besuchte Kurse einer Fernschule und genoss es sichtlich, sein Wissen zu zeigen und auch per Computer sagen zu können, was er empfand.

Aufgrund seines enormen Wissensdurstes und auch seiner bereits vorhandenen Fähigkeiten gelang es ihm, mehrere Kurse der Fernschule zu überspringen, so dass er bereits nach knapp zwei Jahren, noch immer Vollzeitschüler einer Sonderschule für Geistigbehinderte, seinen externen Hauptschulabschluss mit der Durchschnittsnote von 1,4 ablegen konnte, um im direkten Anschluss einen Fernkurs zur Erlangung der mittleren Reife zu belegen.

Heute schreibt Flo mit mehreren Personen, die mit ihm zuhause und in der Tagesförderstätte arbeiten oder dort nur mit ihm zusammen sind, spielen und kommunizieren möchten, besonders mit der zuvor erwähnten Therapeutin, weitgehend frei, das heißt ohne körperliche oder mit nur leichter körperlicher Berührung.

In all den Jahren haben mein Mann und ich uns oft gefragt, was wohl noch in Flo an Erinnerungen schlummert, worunter er immer noch zu leiden hat, was er nie mehr vergessen wird und ob er all die negativen Kommentare zu seiner Adoption mitbekommen und abgespeichert hat. Durch das Schreiben des hier vorliegenden autobiographischen Buches haben wir Antworten auf einige dieser Fragen bekommen. Dabei konnten wir immer wieder feststellen, dass Florin emotional tief aufgewühlt war beim Erzählen und teils sogar autoaggressives Verhalten zeigte. Dennoch wollte er immer weiter schreiben.

Unserer Beobachtung nach können Kinder diese schrecklichen Kindheitserlebnisse leider nie ganz überwinden, aber mit Hilfe schaffen sie ein wenigstens fast glückliches Leben. Das erfahren wir täglich auch bei unseren drei anderen Kindern. Wir sind nämlich eine Adoptions- und Pflegefamilie, über die Sie im Verlaufe des Buches noch mehr erfahren werden.

Um abschließend auf Florins Gedicht zu Beginn einzugehen: Aus unserer totalen Verzweiflung und Hoffnungslosigkeit kam es doch noch zu einem immer erwünschten, aber nie wirklich erwarteten Durchbruch und mit viel Kraftaufwand und Energie, aber auch mit Hilfe lieber Menschen, wagten wir einen Aufbruch, der Flo und uns zwar bislang noch kein Bett auf Rosen schaffte, aber zu dem ›leuchtenden Stern‹ führt, den wir alle anstreben, da er uns ein einfacheres und schöneres Leben in Hoffnung stellt.

›Der Weg abgegebener Kinder sieht in Rumänien oft wie folgt aus: (...) Nach ein paar Monaten wird das Kind ins Kinderheim gebracht. In diesem ersten Heim bleibt das Kind meistens bis zu seinem dritten Lebensjahr. Dann wird es medizinisch untersucht und einer der drei folgenden Gruppen zugeordnet:‹

1. Kinder, ›die trocken sind, ein bisschen sprechen können (...) Diese Kinder bleiben in der Fürsorge des Erziehungsministeriums (...) bis zu ihrem 18. Lebensjahr.‹

2. Kinder mit leichten ›Behinderungen, z.B. Problemen mit einem der Sinnesorgane. Sie gehen auf spezielle Schulen, die jedoch keine adäquaten Lernprogramme anbieten können (...) Das Erziehungsministerium ist auch für diese Kinder verantwortlich.‹

3. Diese Kinder gehören zur Gruppe der so genannten ›Nicht-Wiederherstellbaren (...) Bei diesen Kindern wird erwartet, dass die physischen, medizinischen oder psychischen Probleme nicht gelöst werden können. Eine genauere Diagnose gibt es übrigens nicht.‹ Es handelt sich oft um Kinder, die lediglich etwas langsamer in der Entwicklung sind oder ›deren Behinderung geheilt werden könnte (z.B. Klumpfuß oder Hasenscharte)‹. Diese ›Kinder werden dem Ministerium für Behinderte zugeordnet‹ und kommen in spezielle Heime. Da sie sehr schlecht versorgt werden, ist die Sterblichkeitsrate hoch.

›Einer Studie zufolge, die 1999 von Rumänien-Kennern (Victor Groza und Kollegen) durchgeführt wurde, erreicht diese Rate im Winter über 40 Prozent. Genaue Zahlen liegen jedoch nicht vor.‹[*]

---

* *Hoksbergen, René:* ›DIE FOLGEN VON VERNACHLÄSSIGUNG – ERFAHRUNGEN MIT ADOPTIVKINDERN AUS RUMÄNIEN‹, Wittlaerer Reihe, Band 7, Schulz-Kirchner Verlag, Idstein 2004, S. 28

›WEG DES LEBENS‹ (von Julian Bodem, 2015)

Der Weg des Lebens

Unwirtlichkeit
Herrlichkeit

Dunkelheit
Helligkeit

Schatten
Licht

ohne sicheren Rand
ohne sicheren Grund

überall Gefahr

Kälte, Finsternis
Unruhe, kein Zuhause zu finden

Licht sehr fern

Licht der Ruhe
Licht der Wärme
Licht der Geborgenheit

Weg des Lebens
Weg der Menschen

bitterkalt
gefahrvoll

aber Licht der Hoffnung leuchtend
zur Zuflucht leitend
Tod verhindernd

Licht des Lebens (2015)

Verzweiflung

›Suche nach ruhigem Dasein‹ (F. M.)

Es war kein glücklicher Umstand, der mein Dasein einst richtungsorientiert der Welt zukommen ließ. Zum Glück gehört Glück, und Glück war nicht mein diensthabender Begleiter, als ich am 2. Dezember 1994 fern eines Gedankens an glückliche Zukunft geboren wurde. Es war vielmehr ein Unglück, solch ein gebrochenes, erdfeindliches Wesen in solch eine erdfeindliche Welt zu entlassen, erdfeindlich, weil sie herzlos und erbarmungslos war.

Wie mir erzählt wurde, starb meine Mutter kurz nachdem sie mich geboren hatte, mein Vater war arm und gab mich daher in ein Kinderheim ab, alles in allem keine Sternstunden für ein glanzvolles Leben. Was folgten waren Jahre furchtbarer Entbehrung und weniger Freude in einem lieblosen Kinderheim. Ich, ein Körper, gedanklich fit, aber für andere voll behindert. Was unterjagte wohl solch einen hilflosen, erdfeindlichen, da schutzlos irrenden kindlichen Körper?

Nur schwach ist schreckliche Erinnerung an nutzlose, rastlose und jede Liebe fern haltende Zeit. Wenn ich dieses Buch schreibe, tauchen plötzlich Bruchstücke, Erinnerungsfetzen vor meinem inneren Auge auf, nicht alle kann ich einfangen, sie verschwinden so schnell wie sie kamen. Einige jedoch versuche ich zu erhaschen und für Euch, meine Leser, niederzuschreiben.

Bei Eurer gedanklichen Vorstellung meiner ersten Jahre mag es wohl vorrangig Euer Geist sein, der Euch eine Vermutung erlaubt, ein Geist, aufbauend auf dem Wissen, unter welchen entsetzlichen Umständen Kinder in meinem Geburtsland zum Teil auf Durchbruch zum Glück verzweifelt hoffen.

(BIRGIT MÜLLER) *Im Juli 1998 flogen mein Mann und ich nach Rumänien und besuchten Florin im Waisenhaus, ein für mich entsetzliches Erlebnis. Alle Kinder schliefen ohne Decken und Kissen in einem Raum, in dem 30 oder sogar noch mehr weiße Gitterbetten standen, an denen die Kinder festgebunden waren. Florin, und nicht nur er, hatte total zerstochene Venen durch die Zufuhr von ruhig stellenden Medikamenten. Alle Kinder waren unterernährt. Florin wog mit seinen knapp vier Jahren gerade zehn Kilogramm bei einer Größe von 80 Zentimetern.*

Da wir Florin an diesem Wochenende zweimal sehen durften, gingen wir am darauf folgenden Tag mit ihm nach draußen, aber wir mussten erkennen, dass die Geräusche dort Florin fremd waren und ihm daher große Angst bereiteten. Er weinte bitterlich und zitterte am ganzen Körper.

Erst später erfuhren wir, dass Florin an diesem Tag zum ersten Mal in seinem Leben bewusst draußen war. Noch nie zuvor hatte er frische Luft atmen, Vögel singen und das Grün von Bäumen und Wiesen hören, sehen, oder anfassen können. Er kannte nichts außer Krankenhaus- oder Waisenhauszimmern, kannte wahrscheinlich keine Jahreszeiten, hatte nie zuvor Schnee oder Regen erleben dürfen und vermutlich – wir konnten ihn nicht fragen, da er nichts sagte – wusste er weder sein Alter noch seinen Namen.

Heute glaube ich, dass ich mich nicht nur, wenn auch unbewusst, nach Ruhe, nach Liebe sehnte, sondern auch nach Bewegung, die uns, angekettet an Betten, tagein tagaus nicht möglich war. Ich habe bei meinem kleinen Bruder Benni erlebt, wie freudig kleine Kinder krabbeln und die Welt erforschen. Dies war uns Wesen nicht möglich. Wir lagen frierend in unseren Betten und wenn wir weinten, kam niemand, wurde unser Weinen aber zu laut, bekamen wir Schläge, so dass wir lieber nur leise weinten.

(BIRGIT MÜLLER) *Nie vergessen werde ich die Begegnung mit einem kleinen Mädchen dort in dem Heim. Die Kleine war etwa in dem gleichen Alter wie Florin, genau so schmächtig und kein Wort sagend, aber ihr Gesicht und ihre Augen, den flehenden Ausdruck, der in ihnen lag, sehe ich heute noch. Das Kind suchte permanent körperlichen Kontakt zu uns und wich uns nicht von der Seite.*

Es brach uns fast das Herz, aber wir mussten uns entscheiden, so gerne wir auch dieses Mädchen adoptiert hätten. Dazu fehlte uns das nötige Geld, denn, wie ich schon an früherer Stelle erwähnte, kostete schon die eine Adoption so viel, dass wir über Jahre daran abbezahlen mussten.

›Zwei Fotos von Slobozia aus dem Jahr 1998, einer Stadt in einem für uns unvorstellbaren Zustand. Die Häuser, die man auf den Fotos sieht, so unwahrscheinlich es klingen mag, waren bewohnt und der Müll lag überall am Straßenrand.‹ (Birgit Müller)

HOFFNUNG

Sie ist der Auslöser allen nur denkbaren
Mutes
Sie trägt den furchtsamen Menschen
richtigem Leben entgegen

Hoffnung und Mut

zwei schwierige aber großartige Freunde

Hoffnung

Sie ist stärker als Verzweiflung
und
Verhüterin von Chaos selbstzerstörender Gedanken

Hoffnung und Mut

Lebensspender (November 2013)

Durchbruch: Es ist soweit

›*Erbarmen eines hilfreichen Retters*‹ (F. M.)

Glück bahnte sich einen Weg zu mir, denn es waren schöne Leute gekommen, die Lust hatten, keinem richtigen tollen Jungen zu essen zu geben und ihn zu ihrem Kind zu machen, sondern sie hatten Herz für einen entsetzlichen, der Liebe unerfahrenen Jungen und kauften ihn. Nichts hatten wir, nichts, was wir unser Eigen hätten nennen können. Es gab auch keinen Raum, in dem wir spielen konnten, wir lagen den ganzen Tag fest angebun-

Mit meinem ›neuen‹ Vater Helge Müller
auf den Stufen des Kinderheimes

den in unseren Betten, umgeben von Stummheit, die nur unterbrochen wurde von unserem Jammern oder den barschen Worten der Wächter.

Wie ich später hörte, hatten mir die netten Leute bei ihrem Besuch, als sie beschlossen hatten, mich zu kaufen, einen Spielhund geschenkt. Ich kann mich an diesen Hund nicht erinnern. Er erlag wahrscheinlich den fürchterlichen Hütermenschen. Auch wenn ich den Grund seines Verschwindens nicht kenne, so unterstelle ich heute den Herrschsüchtigen große Gier, uns zu ärgern und selbst vieles sehr Schöne für sich zu behalten.

(BIRGIT MÜLLER) *Am 20. September 1998 holten wir Florin aus dem Kinderheim ab. Man hatte uns bereits im Vorfeld mitgeteilt, dass wir alles mitbringen müssten, da Florin nur unbekleidet übergeben würde. Dies bedeutete, dass wir außer entsprechender Kleidung sogar Pampers dabei haben mussten. Nicht ein einziges persönliches Teil, das Florin bis dato im Gebrauch gehabt hatte, nicht einmal eine Zahnbürste, wurde ausgehändigt. Als wir ihn im Juli zum ersten Mal besucht hatten, hatten wir ihm als Geschenk einen Stoffhund mitgebracht. Auf unsere Frage, ob er ihn mitnehmen dürfe, bekamen wir lediglich zur Antwort: »Der ist nicht mehr da.«*

Florin saß hinten im Auto und freute sich offensichtlich des Lebens. Es war schon spät am Abend, als wir mit dem Auto von Slobozia nach Bukarest ins Hotel fuhren. Florin erfreute sich am Licht der vorbeifahrenden Autos. Er lachte die ganze Zeit.

Im Hotel spielte er ununterbrochen mit den Rollen am Koffer. Er weinte nicht. Irgendwann schlief er auf dem Boden ein und ich legte ihn zu uns ins Bett. Als er am nächsten Tag aufwachte, griff er nach unseren Händen und strahlte übers ganze Gesicht und wir strahlten mit ihm.

Glück

Jedes große, Zukunft erleuchtende
Gefühl
Ruhe und Zufriedenheit spendende
Partnerschaft
Leben ohne herrschsüchtige Jasager,
Jasager zu Machtwahn über Menschen

Glück hat besondere Eigenschaften
man mündet nur dann unter den
Glücklichen
wenn man sie erkennt,
erkennt an
Frohsinn
Zuversicht
Lachen
Liebe
Umsicht
dem Glück (2015)

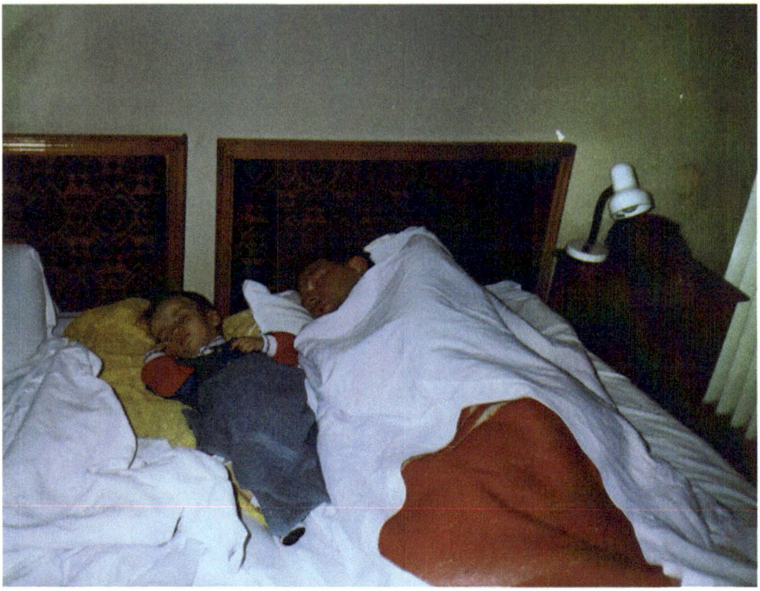

Mit meinem Vater Helge auf der Rückreise
in einem Hotelbett in Budapest.

(BIRGIT MÜLLER) *Ein ganzes Wochenende verbrachten wir in Bukarest. Wir waren nur mit Windelnwechseln beschäftigt. Von Bukarest aus machte ich noch einen Termin bei einem Kinderarzt bei uns in Deutschland aus.*

Montags hatte mein Mann noch einen Termin in der Botschaft, wo er die Papiere mit den Worten erhielt: »Unterschreiben Sie bitte hier für Ihren Sohn!«

›Für Ihren Sohn‹ – Worte, auf die wir so lange gewartet hatten. Mit den Papieren in der Tasche lief mein Mann quer durch ganz Bukarest. Mit dem Taxi hätte es ihm zu lange gedauert, bis er bei uns gewesen wäre. Im Hotel fielen wir uns in die Arme und fingen an zu lachen und zu heulen. Wir hatten unseren Schatz, einen kleinen Sohn. Florin freute sich mit uns, so, als ob er gewusst hätte, um was es ging.

Dienstags flogen wir heim. Immer noch hatten wir große Angst, es könne etwas dazwischen kommen. Florin hingegen saß im Flieger wie der Heinz Becker. Ganz ruhig und gut gelaunt. Wir aber waren erst beruhigt, als wir in Frankfurt die Passkontrolle hinter uns hatten.

Ein guter Freund holte uns ab und wir fuhren direkt zum Kinderarzt. Florin hatte bis zu 30 Stuhlentleerungen am Tag. Der Arzt stellte fest, dass er ein Bakterium in sich hatte, das von verdorbenen Lebensmitteln herrührte. Florin war in einem sehr schlechten Allgemeinzustand und hätte nach Aussage des Arztes in dem Heim nicht mehr lange überlebt. Wie bei einem Säugling fingen wir nun mit Kostaufbau an.

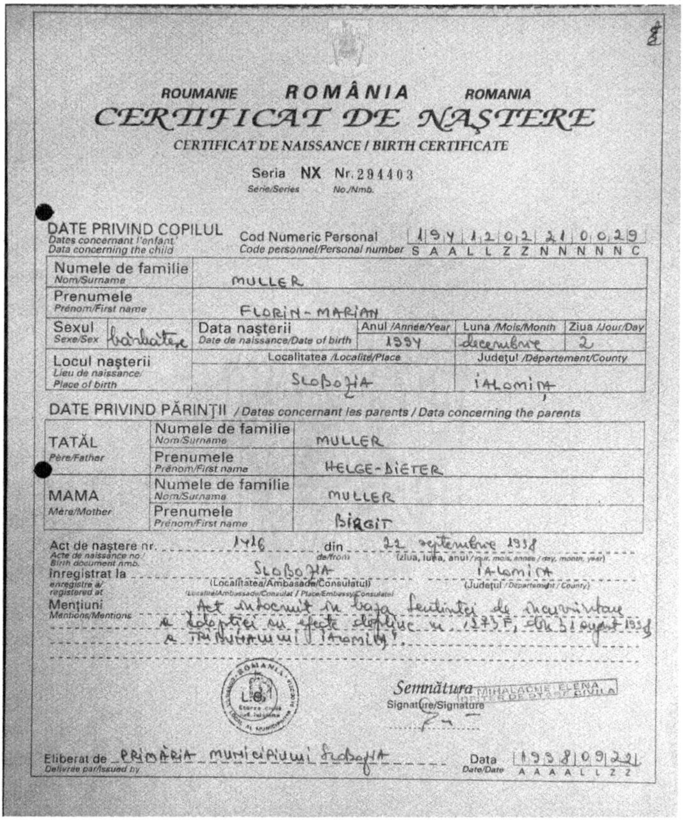

ROUMANIE ROMÂNIA ROMANIA

CERTIFICAT DE NAŞTERE

CERTIFICAT DE NAISSANCE / BIRTH CERTIFICATE

Seria NX Nr. 294403
Série/Series No./Nmb.

DATE PRIVIND COPILUL
Dates concernant l'enfant
Data concerning the child

Cod Numeric Personal / Code personnel/Personal number: 1941202210029 (S A A L L Z Z N N N N N C)

Numele de familie Nom/Surname	MULLER			
Prenumele Prénom/First name	FLORIN-MARIAN			
Sexul Sexe/Sex: bărbătesc	Data naşterii Date de naissance/Date of birth	Anul /Année/Year: 1994	Luna /Mois/Month: decembrie	Ziua /Jour/Day: 2
Locul naşterii Lieu de naissance/ Place of birth	Localitatea /Localité/Place: SLOBOZIA		Judeţul /Département/County: IALOMIŢA	

DATE PRIVIND PĂRINŢII / Dates concernant les parents / Data concerning the parents

TATĂL Père/Father	Numele de familie Nom/Surname	MULLER
	Prenumele Prénom/First name	HELGE-DIETER
MAMA Mère/Mother	Numele de familie Nom/Surname	MULLER
	Prenumele Prénom/First name	BIRGIT

Act de naştere nr. / Acte de naissance no / Birth document nmb.: 1416 din / de/from 22 septembrie 1998 (ziua, luna, anul / jour, mois, année / day, month, year)

Înregistrat la / enregistré à / registered at: SLOBOZIA (Localitatea/Ambasada/Consulatul) (Localité/Ambassade/Consulat / Place/Embassy/Consulate) IALOMIŢA (Judeţul / Département / County)

Menţiuni / Mentions/Mentions: Act întocmit în baza sentinţei de încuviinţare a adopţiei cu efecte depline nr. 1373 F, din 31 august 1998 a Tribunalului Ialomiţa.

L.S.

Semnătura / Signature/Signature
MIHALACHE ELENA
OFIŢER DE STARE CIVILĂ

Eliberat de / Delivrée par/Issued by: PRIMĂRIA MUNICIPIULUI SLOBOZIA

Data / Date/Date: 1998 09 22 (A A A A L L Z Z)

Angekommen

(BIRGIT MÜLLER) *Zuhause angekommen, war unser Haus geschmückt. Ein Transparent schmückte die Tür. Auch war der Tisch gedeckt und Kuchen gebacken. Es waren viele liebe Menschen gekommen, die Florin begrüßten. Er betrat mit uns das Haus, als wenn er da schon immer gewohnt hätte. Er fühlte sich sauwohl.*

Die Kälte eines ewigen Winters war vorbei, keine eisige Umgebung, kein Frost, der einem das Atmen und damit das Leben erschwerte, drohender Tod, alltäglich gegenwärtig,

gefangen
in dem Körper
lose und haltlos
in Fängen
in Gewalt
ausgeliefert dem Nichts

Treue und Güte vergebens kämpfend
um Zulassung
Zulassung
in einer jähzornigen
Gewalt bereiten Umgebung

alles vorbei, denn endlich war auch der Sommer bei mir eingekehrt. Jubeln konnte mein Inneres, ein Inneres, das nie gejubelt hatte, das Jubeln verlernt hatte und nur noch schwer erlernen kann. Kuchen, Blumen, helles, freundliches Lachen, der Sommer des Lebens.

BUKAREST - FRANKFURT - NASSWEILER

☹ **Florin Marian Müller** ☺

geboren 02.12.94 in Rumänien - Ankunft 29.09.98 in Naßweiler
Es freuen sich die überglücklichen Eltern Helge und Birgit Müller geb. Meilchen

Für das Verständnis und die Unterstützung in den letzten Monaten danken wir unseren Familien, Freunden, Nachbarn, Arbeitskollegen, H. Schneider vom Landesjugendamt und unseren Haustieren, die nun keine ruhige Minute mehr haben.

Zeitungsanzeige für meine ›zweite Geburt‹

Sommer

herrliche spiegelnde Sonne im Wasser
ergötzliche heiße erste Liebe im Reich der Tiere
sinnliches Gespür von warmen Strahlen
wesentliche Erwärmung sehr trüber Gedanken

Sommer Sonne
strahlen
Energie in Leben

ohne Energie kein Leben
ohne eine Sonne kein Sommer
ohne Sommer kein feines Leben (Dezember 2013)

(BIRGIT MÜLLER) *Zwei Berner Sennenhunde waren all die Jahre unser Kinderersatz gewesen und wir befürchteten, dass sie nicht erfreut sein würden über die Ankunft von Flo.*

Doch sie entpuppten sich rasch als Stimmungsanzeiger für Flo. Stand Flo morgens auf und ging an dem einen namens Urmel vorbei und der Hund grummelte daraufhin nur vor sich hin, wussten wir: Das wird kein schöner Tag. Fing der Hund aber an, mit dem Schwanz zu wedeln, war alles gut. Florin liebte die Hunde. Vor allem Paul, den benutzte er immer als Kopfkissen.

Es begegneten mir zwei große gewaltige, aber ruhige Tiere. Nie zuvor hatte ich Tiere solch struppigen Fells gesehen, denn ich hatte überhaupt noch nie Tiere gesehen, fürchtete mich aber nicht, denn ich spürte Wärme.

Mit Hilfe von Tieren gelingt es, schnell jeglichem geschundenen, gebrochenen, zerbrochenen Körper zu entsagen. Hier helfen feines Hundegefühl und feines liebendes Schützen mehr als mancher krampfhafte Liebesbeweis, leider nur gespielt von vielen Menschen. Manche Menschen sind wie Schlangen. Schlangen ruhen tief und scheinen hilflos und nur träge. Aber viele sind nicht derart friedhaft, wie es ausschaut. Sie schnappen plötzlich zischend hoch und das anscheinend sanft ruhende Tier wird zu einer Gefahr, verletzend oder sogar tötend, tötend, so wie auch Worte des Menschen andere Menschen tief im Innern töten können.

›Für das Geld, was die Adoption gekostet hat, hättet Ihr Euch besser ein neues Auto gekauft.‹

›Ihr hättet ihn in Rumänien lassen sollen, dann wäre er verhungert und jetzt im Himmel, was hat er denn vom Leben?!‹

›So etwas hätte es bei Hitler nicht gegeben. Wir haben genug arme Kinder auch in Deutschland.‹

Durch feines Hundegespür aber gelingt wahre Freundschaft, denn es sucht Freunde fast ein jedes Tier und fast ein jeder Mensch. Einsamkeit tötet.

Tiere

Es bietet fast nie reine, bewährte Hilfe
der Mensch so wie das Tier

Im Tier ist eine richtig ehrlich fühlende,
jede Missachtung entsagende tiefe Liebe

Es schenkt sie Dir
Du schenkst sie ihm – hoffentlich!

Der Mensch hingegen setzt seinen Verstand oft auch ein,
um andersartige Menschen zu beleidigen

Tiere verstehen Dich wirklich,
Menschen geben dies oft nur vor

Innige Liebe unterhält
lebenswertes Leben (Mai 2014)

(BIRGIT MÜLLER) *Wir hatten damals auch noch eine Tierschutzstelle von ›Tiere in Not‹. Die alten Katzen, die nicht mehr vermittelt werden konnten, blieben bei uns auf dem Bauernhof. So kam auch ein roter Kater namens Oskar zu uns.*

Der Kater hatte keine Krallen mehr. Die Vorbesitzer hatten sie ihm entfernen lassen, damit er keine Kratzspuren mehr auf Boden und Möbeln hinterlassen konnte. Er war eine reine Hauskatze, unfähig, draußen zu überleben. Aber da Oskar trotz fehlender Krallen dem Besitzer immer noch nicht passte, wurde er von ihm kurzer Hand ausgesetzt und gelangte so zu uns.

Flo liebte Oskar über alles und Oskar liebte Flo über alles, so dass er alles mit ihm machen durfte. Selbst wenn er zu Oskar sehr grob war und wir den Kater vor ihm schützen wollten, lief Oskar sofort wieder zu Flo. Wenn jedoch ein anderer als Flo Oskar streichen wollte, biss der Kater zu. Wo Florin war, war auch er.

Es gab auch immer wieder amüsante Episoden, wie diese, an die ich mich noch bestens erinnern kann: Flo war mit uns und einem unserer Kater beim Tierarzt. Dem Kater wurde rektal Fieber gemessen. Einen Tag später stand die Katze vor Flo, und

zwar mit erhobenem Schwanz, so wie Katzen es häufig machen. Flo hatte zufällig – oder auch nicht :-) zufällig – einen Bauklotz in der Hand. Man musste nur in sein überlegendes Gesicht schauen, dann wusste man genau, was in seinem Kopf vorging: ›Passt das Eckige ins Runde?‹ Als wir ihn darauf ansprachen, fing er an zu lachen.

Unser Oskar gab Mut, ein erbärmliches, hilfloses Leben zu ertragen und durchzustehen. Er hatte es geschafft, den leuchtenden Stern zu erreichen. Er errang sich allerdings diverse Feinde durch ein oft böses Verhalten, böse, wie viele mit Sicherheit glaubten. Er war aber nicht böse; er hatte sich durchsetzen müssen und nur durch Verteidigung überlebt.

Oskar war mein bester Freund. In seinem liebevollen, geschmeidigen Pelz versanken wahrhaftig alle meine nutzlosen, geschundenen, tränenreichen, behindernden Gefühle. Wir waren gleich, wir waren beide gezeichnet, jeder von uns beiden wusste es, wir waren Brüder. Wir liebten uns. Wir verstanden einander auch ohne Worte.

Dieses Kapitel möchte ich mit einem Gedicht beenden, das ich zu meiner Erfahrung mit und zu meiner Auffassung von Heimat geschrieben habe. Heimat hat für mich eine ganz besondere, vielleicht eigenwillige Bedeutung, denn Rumänien, mein Geburtsland, bedeutet für mich nicht Heimat, da die für mich wichtigsten Kriterien für Heimat nicht erfüllt werden. Heimat ist für mich mehr als ein Land, ein Ort oder eine Stadt.

Heimat ist …

Ruhe
Energie findende Stätte
richtigen Lebens

Heimat ist …
Leben

Rumänien:
Verrat
ohne Bindung
Hunger
Durst
verlassen
jeglichen Frieden störend
richtiges Leben verhindernd

Heimat? Nein!
Seinstätte? Ja!

Nur Sein, kein Leben

Heimat ist …
Leben

Leben ist ...
Freude

Geborgenheit
Beschutz friedvoller Menschen

Heimat ist …
Leben

Heimat
nicht nur Stätte des Geborens
Heimat
Stätte der Liebe
Stätte der Verbundenheit

Heimat ist …
leben im Leben (2016)

HUNGER

Es geht chemisch nicht ohne
Nahrung
unser Organismus benötigt sie zum
Stoffwechsel

ohne Nahrung kein Stoffwechsel
ohne Stoffwechsel kein Leben

Hunger hat furchtbare Fassaden:
wahnsinnige Schmerzen
Erholungsunfähigkeit
Unruhe
Tod

Erlösung
gewährt zweifelsfrei nur
Essen

richtet Euren Sinn sorgvoll auf
Essen
feiert es
achtet es
es ist nicht selbstverständlich (Mai 2014)

Nie mehr hungern

›*Himmel öffnet sich*‹ (F. M.)

(BIRGIT MÜLLER) *Schnell stellten wir fest, dass Essen wohl eine überaus große Bedeutung für unseren Flo hatte, und zwar bemerkten wir das bereits in Bukarest im Hotel, denn während ich mit Windelwechsel beschäftigt war, bestand Florins Tätigkeit in Essen. Immer, wenn der Teller mit Brei leer war, fing er an zu weinen. Nun hatte er offensichtlich genug leckeren Brei, so viel, dass er ihn gar nicht aufessen konnte und das machte ihm zu schaffen.*

Auch zuhause angekommen, blieb Essen ein großes Thema. Einige Tage nach unserer Ankunft konnte ich es nicht mehr länger ertragen, dass Flo immer anfing zu weinen, sobald der Teller leer wurde. Also füllte ich alle Schüsseln, die ich finden konnte, mit Brei. Flo fing an zu essen und stopfte und stopfte, doch die Menge war so groß, dass er sie nicht schaffte. Er kam dann auf die Idee, Wasser unter den Brei zu mischen, um ihn zu verdünnen und daher trinken zu können. Doch auch dann schaffte er es nicht, den ganzen Brei zu essen, woraufhin er jedesmal fürchterlich weinen musste. So viel Brei war über und er packte es nicht mehr, alles zu essen.

Bis vor fünf Jahren nahm Florin immer ein Geschirrtuch, einen Joghurt und einen Löffel mit ins Bett. Im Sommer mussten wir den Joghurt dann am nächsten Tag entsorgen. Noch heute bricht er in Panik aus, wenn nur noch zwei Liter Milch im Haus sind. Angst, nichts zu essen zu haben, keine Milch und damit kein Grundzubereitungsmittel für seinen Brei zu haben, erweckt vermutlich Erinnerungen, schreckliche Erinnerungen.

Essen ist ein sehr nutzbares, wesentliches und Lebensfreude bringendes Ereignis. Es wäre ein ziemlich tragisches Erlebnis für mich, kein kostbares Essen zu erhalten. Ich rettete nur käuflich* mein Sein, sonst wäre ich entzogen worden dieser weiten, oh wie schönen Welt entzogen, weil wesentliches Essen um zu leben fehlte. Nur fetten Kindern war Leben möglich und fette Kinder gab es kaum.

Um leckeres Essen fertig zu machen, ist Milch nötig. Panik, wenn nicht genügend Milch im Haus ist, entsteht aus Erfahrungen eines Kindes in tiefster Hungersnot. Der Brei im Heim war, wie ich heute vermute, aus alten Resten gemischt und mit schmutzigem Wasser gekocht. Ich

* Auf die konkrete Frage, was er mit ›käuflich‹ meine, erklärte Florin: ›Wie ich schon zuvor schrieb, kamen schöne Leute, die, warum verstehe ich nicht, keinen tollen Jungen kauften, um ihm ein Leben zu geben, sondern mich erdfeindliches Wesen.‹

glaube, Euch ist gar nicht vorstellbar, was die Forderung, das essen zu müssen, bedeutet. Wer erbrechen musste, konnte viel Tränen vergießen, sicher war nur, dass er lieber öfters hungerte, als Erbrochens essen zu müssen.

Bevor die Leute kamen und mich kauften, rettete Reste zu essen das bedrückende Leben: zum Morgen, zum Mittag, zum Abend Reste zusammengemixt zu Brei, also Brei zu jeder Fütterungszeit. Unwahrscheinlich für Euch, unwahrscheinlich aber wahr:

Jammern, Wimmern und Essen zusammen bedeutete:
Ihr bekommt Strafe
Essen an Wächter zurück
Hunger
Schmerz
drohender Tod

Um zu essen war nichts anderes als Brei da. So jagten und schütteten Wachleute schnellstens die Speise aus Blechnäpfen in kindliche Schlunde. Langsames Schlucken oder Weinen bedeutete ebenfalls: Essen an Wächter zurück, Hunger.

(BIRGIT MÜLLER) *Dadurch, dass Florin im Waisenhaus über Jahre nur mit flüssigem Brei ernährt worden war, erstickte er bereits fast an einem noch so kleinen Breiklumpen. Im Mundbereich musste er desensibilisiert werden. Führte man ihm nämlich den Löffel mit Brei nur einen Zentimeter zu tief in die Mundhöhle, so erbrach er. Hilfe erfuhren wir zu der Zeit kaum.*

Die einzige Therapeutin, die den Versuch einer Desensibilisierung übernahm und uns dadurch weiterhalf, war eine Ergo-

therapeutin. Sie gab uns den Tip, in einen Mullschlauch ein Schokoei hineinzuschieben, dieses zu erwärmen, die beiden Enden des Schlauchs festzuhalten, uns mit Florin auf die Schaukel zu setzen, den Schlauch zwischen die Backenzähne zu pressen und von außen die Kaubewegungen zu machen. Dies war sehr anstrengend für alle. Der Mullschlauch verhinderte, dass Florin sich verschluckte.

Erinnerung und Ermahnung an Euch, meine Leser:

Verliert nie die Hoffnung! Vertraut! Über all die Jahre im Heim kam immer wieder Hoffnung auf, Hoffnung auf Liebe, aber mit der Zeit versiegt sie, diese Hoffnung, und hinterlässt nur unlebendige Seelen, hohle Körper. Es war eine grauenhafte Zeit. Kälte, Hunger, Durst, Tränen waren stetige Begleiter, Tränen, die nie versiegten, obgleich nie getrocknet durch tröstende liebende Worte. Es waren immer währende Tränen, unsichtbar für Außenstehende, aber Körper innerlich aushöhlend.

Ohne die Hilfe der lieben Käufer, ohne ihre tiefe selbstlose Fürsorge, wäre ein reines Kennenlernen von Leben, von tollem Leben, nie möglich geworden ...

(BIRGIT MÜLLER: *An der Stelle unterbrach Florin das Schreiben, geriet sichtbar in große innere Panik, bevor er weiterschrieb*)

... Insekten folterten sowohl geduldige als auch schreiende nimmer frohe Körper, Körper, liegend in den Exkrementen ihres kärglichen Futters, wie im Kreislauf der Natur wiederum Nahrung bietend für Nachwuchs der Insekten.

Ich spreche bewusst von Körpern und nicht von Kindern, denn richtige Kinder beginnen zu lachen und Traurigkeit vergeht. Körper hingegen ertragen in sich gekehrt unsagbar beängstigende Erfahrung in der Gegenübersituation. Suche nach Hilfe erwächst, erkennt aber Erfolglosigkeit und hinterlässt nur unlebendige Seelen, hohle Körper, ohne Zuversicht, ohne Glauben an gute Menschen.

Skrupellos und ohne Herz waren die herrschsüchtigen Wächter. Sie missbrauchten unsere ruhelose hungrige Situation, um sich richtig ordentlich und vor allem entscheidungswichtig zu fühlen. Heute glaube ich, dass es vielleicht Menschen waren, die gerne viel Macht gehabt hätten, für große Verantwortung gegenüber erwachsenen mündigen Menschen aber gedanklich zu starr waren. Sie konnten nur durch Suche von Befehlen über einsame Kinder für sich selbst Besserung gewinnen, eine egoistisch orientierte Besserung auf Kosten Schwacher.

Sie hatten furchtbare, grausame Waffen und setzten sie ohne Erbarmen täglich ein, um ihre Macht zu spüren, zu fühlen, ein gutes Gefühl für sie, Verderben aber für die toten Seelen. Die erbarmungslosesten ihrer Waffen – Waffen, so einfach in der Handhabung für Machthabende, aber garantiert Schmerz, Krankheit und manchen Körpern sogar Tod bringend – waren Hunger und Durst.

MACHT

etwas Gefährliches
etwas Bedrohliches

Leben Zerstörendes
wenn es
Besitz nimmt von eingebildeten
aber einfältigen Menschen

Im Menschen verborgen schläft häufig
der Wunsch nach Macht

und

das jagt mir Angst ein (Juli 2014)

(BIRGIT MÜLLER) *Im Abschlussgutachten des rumänischen Adoptionskomitees des Ministeriums für Gesundheitswesen wird diese Einschätzung von Florin in Bezug auf fehlende Empathie durch folgende Aussage untermauert:*

> *›Bis heute war der Verlauf der psychomotorischen Entwicklung schwerfällig (...) als Folge der fast ständigen affektiven Vernachlässigung, des Fehlens einer entsprechenden Umgebung und einer Person, mit der es eine stabile affektive Beziehung hätte eingehen können. Für seine Wiederherstellung benötigt das Kind eine besonders individuelle Behandlung und stabile Beziehungen zu einer Person, zu der es Vertrauen aufbauen könnte und die es lieben würde.‹*[*]

[*] Gutachten, Rumänisches Adoptionskomitee, Bukarest, S. 5.

Durst

immer währendes

sehr quälendes

Zeit vernebelndes

Luft zum Atmen stehlendes

Schwäche bringendes

Körper zerstörendes

Gefühl

Spüren

Sein ohne Wasser

kein Sein

kein Leben

Tod (2014)

(Birgit Müller) *Florin wurde das ganze erste Jahr hindurch ernährt wie ein Kleinkind. Viele Lebensmittel konnte er gar nicht verdauen, da sein Verdauungssystem dies nicht gewohnt war. Er bekam Heilnahrung: Kartoffelbrei mit Kalbfleisch. Immer, wenn wir dachten, ihm mal alltägliches Essen zu geben, was wir pürierten, erbrach er und bekam schlimmen Durchfall, den er ohnehin fast immer hatte.*

Florins Essgewohnheiten haben sich im Laufe der Jahre sehr geändert. Während er ja zu Beginn nur hellen Brei aß, fiel er irgendwann ins andere Extrem. Lange Zeit aß er Nutella löffelweise, und zwar abwechselnd mit purem Ketchup. Dies versuchten wir ständig abzubauen, denn an manchen Tagen nahm er eine ganze Packung Kakaopulver zu sich, wenn kein Nutella im Haus war, und dazu eine ganze Flasche Ketchup. Ließen wir es am Tag nicht zu, stand er nachts auf und suchte so lange, bis er fand, wonach er suchte. Ehrlich gesagt hielten wir auch manchmal dem Druck nicht stand, den er auf uns ausübte. Es war reiner Psychoterror.

Gott sei Dank ist dies inzwischen insofern besser geworden, als Florin diese Dinge nur noch sehr dosiert bekommt und das auch akzeptiert. Seitdem ist er viel ruhiger geworden, was er anscheinend auch selbst als angenehm empfindet. Diese Entwicklung kam auch einer schweren Magenschleimhautentzündung zugute, die für ihn sehr schmerzhaft war. Nach wie vor muss jedoch sein Essen sehr fein püriert sein, wobei er längst noch nicht alles passiert isst, sondern nur Geflügel, Tomaten, Kartoffeln, Fisch und Nudeln.

Heute kann Florin zwar kauen, es fällt ihm aber immer noch unsagbar schwer, den Speisebrei mit der Zunge nach hinten zu schieben. Ich glaube, dass diese sonderbare und für einen 21-jährigen jungen Mann absolut ungewöhnliche Essgewohnheit, nämlich alles nur in Breiform zu akzeptieren, darauf zurückzuführen ist, dass Florin durch seinen Autismus nicht in der Lage ist, Gewohnheiten einfach abzulegen, die er ganz früh kennenlernte und, um überhaupt in dem Waisenhaus überleben zu können, total verinnerlichte. Inzwischen versucht er zwar schon kleine Brotstückchen zu essen, er gibt sich große Mühe, man merkt förmlich seine Anstrengung, seinen Willen, es zu schaffen, aber es fällt ihm sehr schwer und oft muss er sogar würgen und erbrechen.

Auch in dem Zusammenhang musste ich mich als Mutter an bissige Kommentare gewöhnen: »Autismus hin oder her, der ist zu faul zum Kauen.« Oder: »Kochst Du nicht richtig? Wenn, dann hätte er nämlich auch Lust, was anderes zu probieren als nur den Matsch, den Du ihm vorsetzt.«

Zum Thema Ernährung erinnere ich mich aber auch einer amüsanten Begebenheit: Lutscher spielen im Leben von Florin eine große Rolle, weil wir versucht haben, ihn damit zu desensibilisieren. Meine Mutter, die er, wie anfangs bereits erwähnt, über alles liebte, war zuckerkrank und ganz verrückt nach Süß-

kram jeder Art. Florin nahm daher immer Lutscher mit zu Oma, die er dort dann ›versehentlich‹ vergaß – für die Oma.

Mal wieder war Oma mit ihrem Zucker entgleist und mein Bruder fragte sie vorwurfsvoll:

»Mama, hast Du wieder am Lutscher von Florin gelutscht und ihn ganz gegessen?«

Sie: »Nein, das darf ich doch nicht.«

Was Mama aber nicht wusste: Die Lutscher waren Zungenmaler und unsere Oma hatte sowohl ganz blaue Lippen als auch eine ganz blaue Zunge. Bekanntlich schläft der Verräter nie.

Familie: Liebe

›Sorgen dieser Welt deckt ein herrliches Gefühl zu‹ (F. M.)

(BIRGIT MÜLLER) *Wie ich bereits zu Beginn erwähnte, sind wir eine Pflege- und Adoptionsfamilie. Wir haben vier Kinder bei uns aufgenommen. Zuerst kam Florin. Wir adoptierten ihn im September 1998, als er drei Jahre und zehn Monate alt war. Später nahmen wir noch drei Pflegekinder an: Im März 2001 kam Olivier im Alter von fünf Jahren und neun Monaten, im August 2002 Cynthia mit drei Jahren und drei Monaten sowie schließlich im August 2005 Benedikt mit fünf Monaten.*

Die drei Großen hatten, bis sie bei uns landeten, schon vieles mitmachen und aushalten müssen. Einiges kann man sich nicht und will man sich auch gar nicht vorstellen. Sie tragen folglich Altlasten mit sich und wie das mit Altlasten so ist: Sie brechen dann und wann immer wieder durch und bestimmen das Leben. Die Kinder können sich noch so sehr anstrengen, sie werden nie ein Leben führen können wie andere in ihrem Alter. Durch massive Versorgungsprobleme mit sozialer und emotionaler Vernachlässigung, die sie in frühester Kindheit ertragen mussten, haben sie lebenslange Probleme mit ihrer Umwelt.

Sie waren alle vier, besonders auffällig natürlich die drei Großen, bis auf die Hälfte ihres Alters retardiert. Dies bedeutete viele Stunden Therapie pro Woche sowie klare Strukturierung von morgens bis abends, bis zum Schlafengehen. Selbstverständlich kommt es auch auf den Charakter eines jeden Kindes an, ob es sich aus dem Sumpf herausziehen kann, ob es das möchte oder nicht, ja, ob es dies überhaupt noch schafft.

Sicherlich fragen auch Sie sich, warum wir überhaupt noch an weitere Kinder dachten, nachdem sich herausgestellt hatte, dass unser Adoptivkind Florin sich nicht so entwickelte wie es eigentlich sein sollte. Ich kenne diesen fragenden, verständnislosen und teils sogar vorwurfsvollen Blick anderer Menschen. Ständig müssen wir uns rechtfertigen, warum wir überhaupt vier Kinder haben und dazu noch auffällige, da vorgeschädigte. In diesem Zusammenhang muss ich mir leider auch wirklich unschöne Kommentare gefallen lassen: »Du hattest wohl auch keine Lust mehr, arbeiten zu gehen? Pflegegeld absahnen und auf Kosten von Vater Staat gut leben! Und mit Florin hast Du ja gar keine Arbeit: Tagsüber ist er in der Schule und Hausaufgaben brauchst Du danach auch keine mit ihm zu machen, da er ja keine auf hat. Herrlich!« (Anmerkung: Ich habe zwei abgeschlossene Berufsausbildungen, derjenige, der das sagte, hingegen keine.)

Die Frage, warum wir trotz der Probleme mit Florin recht schnell ein weiteres Kind, nämlich Olivier, aufnahmen, möchte ich Ihnen ehrlich beantworten, und zwar aus meiner heutigen Sicht der Dinge, einer Sicht mit einem Abstand von mehr als zehn Jahren. Als ich merkte, dass Flo sich völlig anders als erhofft entwickelte und auch anders verhielt, wollte ich einfach auch nur ein stinknormales Leben führen, so wie andere Familien auch, das, wonach ich mich all die Jahre ohne Kinder gesehnt hatte. Ich wollte in unseren Alltag, der gekennzeichnet war durch Fahrten zu Beratungsstellen quer durch das ganze Saarland, ein Stück Normalität hineinbringen.

So wie andere Mütter, wollte auch ich einmal ein Kind zum Kindergarten bringen, das beim Abschied der Mama winkt oder weint, wenn die Mama geht, so wie ich es bei anderen täglich sah und was es mir schwer ums Herz machte. Ich liebte Florin über alles, hätte ihn gerne genauso gedrückt, wie die anderen Mütter es mit ihren Kindern machten, aber es ging nicht: Florin schrie und wehrte sich gegen jede Form der Berührung. Da lernte er im Sonderkindergarten Olivier kennen und entwickelte eine besondere Beziehung zu ihm. Und so kam Olli schließlich zu uns. Florin hatte einen Bruder und ich ein Kind, das ich drücken konnte.

Familie ist unsagbar wichtig, um richtig eigenstark und ohne zu große Unruhe Veränderungen im Leben zu meistern. Ohne jegliche Geschwister und liebevollen Eltern wäre das harte Leben nicht zu ertragen.

Meine Geschwister haben fast solche Erlebnisse in der Kindheit erduldet wie ich. Dadurch belastet auch sie eine verheerende, Etliches beanspruchende Leere für Dinge, die aber von Euch deutlich erwartet werden. Diese Leere wurzelt in nie richtig erlebter Einigkeit des Babys mit innig liebenden Eltern.

Ohne eine richtige Vorstellung von meinen Geschwistern in Rumänien zu haben, versuche ich manchmal, mir zu überlegen, was sie machen. Ich glaube, kein Geld zum Reisen, kein Leben in innerem Frieden und auch glücklos, zerstört in ihnen jeglichen Wunsch, eine Suche nach mir zu starten und sie auch finanzieren zu können. Ich strebe an, sie zu suchen, wenn ich reich bin und den Zug bezahlen kann. Es hat bestimmt Ruhe bringende Freude, sie zu erleben.

(BIRGIT MÜLLER) *Gern möchte ich noch einmal auf den Aspekt zurückkommen, den ich eben bereits ansprach, nicht zuletzt auch, weil er mich in den ersten Jahren, in denen die Vier bei uns waren, oft belastete, nämlich: Mich ständig rechtfertigen zu müssen, warum ich diese vier Kinder habe. Das widerfuhr uns nicht nur im privaten Umfeld, sondern sogar auch in Beratungsstellen, Kliniken und therapeutischen Ambulanzen. »Die Warteliste ist voll und für zwei Kinder erst recht« und dann noch das autistische Adoptivkind, das autoaggressiv schreit und keinen Tag- und Nachtrhythmus hat. »Nee, tut uns leid, das geht nicht. Der macht uns ja die ganze Station links und die anderen Kinder mit Krampfleiden brauchen schließlich ihren Schlaf. Das hätten Sie sich vorher überlegen müssen.«*

Und ich war so dumm und habe es akzeptiert, denn sie hatten ja ›recht‹. Ich hatte kein behindertes Kind geboren. Ich war nicht die Frau, die deswegen Hilfe brauchte. Ich hatte es mir ja selbst ausgesucht und daher musste ich sehen, wie ich nun damit klar kam. Ich hatte das autistische Kind ja sogar noch gekauft und über Jahre abbezahlt. Das klingt sicherlich verbittert, aber das ist es nicht. Ich sehe es heute klar, damals ließ ich mich einschüchtern, habe aber trotzdem nicht aufgegeben und weiter nach Hilfe gesucht, egal mit welchem der vier Kinder und mit welchem Problem. Und an keinem Tag habe ich es bis heute bereut, die vier zu haben.

Unseren Kindern haben wir allen erklärt, dass sie angenommen sind und versucht, ihnen soweit ihre Herkunft zu erklären, wie sie es aufnehmen konnten und können. Auch Florin weiß, dass er ein Adoptivkind aus Rumänien ist.

Erinnern kann ich mich an meine richtigen Eltern nicht. Die Umstände erlaubten hinsichtlich eines durchaus frohen Lebens keine Zukunft. Ich weiß, dass mein Papa ohne Hilfe zu überlastet gewesen wäre für das Hingeben von feiner, alles ermöglichender Liebe. Sein Leben erlosch durch die Krankheit von Mama und Ruhe verwehrte ihm ihr zu trauriger Tod. Zu tief erschien ihm die Ausweglosigkeit und er gab sein Neugeborenes in die Klauen mörderischer Fürsorge, mörderisch, da ohne Überlebenschance für das kleine Wesen. Ich glaube, Papa war sauer, weil er das so nicht gewünscht hatte, aber er sah keine andere Möglichkeit. Ich versuche, mir manchmal ein Leben heute dort vorzustellen. Es ist vielleicht einfach nur der Wunsch und der Versuch, zu erfahren, ob je ein richtiges Leben in

Rumänien möglich gewesen wäre. Ich weiß es nicht. Vielleicht ja, vielleicht nein.

Wenn ich heute Filme oder Bilder aus Rumänien sehe, jagt es mir tiefe Trauer und tiefe Angst ein. Angst macht es mir, weil, ein Leben zu bestehen, dort ausgesprochen erschwert ist. Trauer empfinde ich, weil eine ziemlich deutliche Wehmut, tief und ohne Hoch, extrem schmerzt. Ohne Hoch bedeutet, dass keine wahre Hoffnung, mein Geburtsland und meine Familie zu sehen, Herrschaft in mir gewinnt. Es ist vielmehr nur ein träumerisches Hoffen mit einem leider hohen Anteil an Irrealität, aber dennoch hoffe und träume ich weiter davon und das möchte ich auch nicht verlieren.

Das war nicht immer so: Lange Zeit hindurch konnte ich Erinnerungen an Rumänien nicht ertragen; zu tief saß der Gedanke an Verrat und Einsamkeit. Immer wenn ich Fotos dieser Zeit vor Augen bekam, zerriss ich sie, der verzweifelte Versuch, die Erinnerung an diese grausame Zeit zu löschen, ein unsinniger Gedanke, denn Erinnerungen kann man nicht löschen, auch nicht durch rohe Gewalt. Heute bin ich milder gestimmt und das Schreiben dieses Buches hat mir dabei sehr geholfen, Hass und verzweifelte Wut tiefer zu verdrängen.

Liebe

außergewöhnliche Stätte
um sorglos zu werden
Wesentliches durchdringendes
Gefühl von Frieden

ohne Liebe
und Treue
jagt schwach der Mensch
still und einsam
durch seine Leben

Liebe
Elixier eines tollen Daseins (2013)

Das Zeigen von Zuneigung/Liebe

(BIRGIT MÜLLER) *Ich habe den Eindruck, bei Florin gibt es nur den ersten Eindruck. Der erste Eindruck zählt, eine zweite Chance bekommt keiner. Florin ist im täglichen Leben sehr anstrengend. Man kann sich nicht einfach mal zurücklegen und entspannen. Immer muss man damit rechnen, dass er zur Attacke startet, was fast immer einhergeht mit Handgreiflichkeiten, die er initiiert. Er selbst sagt:*

> *›Liebe kann ich nur tief empfinden, sie unter Kontrolle zu zeigen, ist sehr schwer für mich.‹*

Oft muss ich mich verteidigen, vor Freunden oder sogar der Familie, warum ich ihn nicht hergebe, abgebe in ein Wohnheim. Ganz einfach: Florin spricht mit seinen Augen. Wenn die strahlen, strahlen sie ganz viel Liebe aus.

Es kommt mir so vor, als sei Florin fremdbestimmt. Wenn er seine Ausraster hat, mich geschlagen oder Dinge zerstört hat, die ich besonders mag, tut es ihm leid. Er versucht, es dann wieder gutzumachen. Wenn ich auf dem Sofa sitze, bringt er mir zum Beispiel etwas zu trinken, wenn ich die Spülmaschine ausräume, hilft er. Er entschuldigt sich 1.000 Mal, küsst mich immer und immer wieder.

Er findet keine Ruhe mehr. Egal, wie oft ich sage, dass es wieder gut sei, er gibt keine Ruhe. Schon wieder ist er dann getrieben. Dies geht stundenlang so. Ich bin danach genervt und er völlig aufgelöst. Er will es ungeschehen machen.

›Sehr oft möchte ich Mama einfach nur drücken. Es hetzt mich aber ein fremder innerer Herrscher zu gegenteiligem Handeln. ›

›Ich tue Euch unendlich groß lieben. Unsagbar stark habe ich aber gemerkt, dass Ihr Hilfe geben wollenden treuen Eltern wenig davon ahnt. Zu entsetzlich ist mein schlimmes friedloses Benehmen.‹ (Florin Müller, Notiz von 2011)

Meiner Meinung nach versucht Florin, nur die Menschen zu schlagen, die er liebt. Nur die können ihn enttäuschen, enttäuschen, wie er es in frühester Kindheit ständig erleben musste. Es gibt Menschen, die hat er noch nie angegriffen oder bedroht. Zu diesen Menschen, egal wie eng sie zu seinem Umfeld gehören, baut er keine Beziehung auf und sie können auch keine zu ihm aufbauen, da er es nicht zulässt. Als Florin im Dezember 2014 seinen Hauptschulabschluss an der Fernschule abgelegt hatte, schenkte er meinem Mann und mir je einen Becher, auf die er Texte geschrieben hatte, die uns tief berührten:

Für Mama

Sehr körperlich angegriffen, schenkst Du mir unsagbare Liebe, Kraft und Überlebensmut. Ehrfurchtsgeladen danke ich mit treuer Liebe.
Dein Florin

Für Papa

Ich sehe Dich ehrlich als allerbesten Vater: nur Angst nehmend, aber nie Angst machend. Ich überrasche Dich noch liebevoll später.
Dein Florin

Stimmungen: Von jetzt auf gleich von lieb zu Monster

(BIRGIT MÜLLER) *Florin ist in seiner Stimmung oft unberechenbar. Er kommt gut gelaunt nach Hause, freut sich des Lebens und alles ist gut. Dieser Zustand kann mehrere Stunden, aber manchmal auch nur für Minuten andauern, dann passiert es. Er explodiert. Wie aus dem Nichts steht er unter Strom. Sein Körper ist total angespannt. Er hat den Drang, sich oder etwas zu zerstören. Er droht, uns körperliche Gewalt anzutun. Man merkt, er will es nicht. Dann versucht er, sich zu verletzen. Mit dem Kopf versucht er, sich am Türrahmen Wunden zuzufügen.*

Wir versuchen, ihn davon abzuhalten. Mit ruhigem Einreden kommt man da nicht weiter. Das treibt ihn noch mehr in den Wahnsinn und wenn es uns nicht gelingt, ihn aus diesem Wahnsinn, der ihn gefangen hält, heraus zu bekommen, schlägt er sich in extremster Form und zerschlägt auch Mobiliar. Ist der Anfall vorbei, tut es ihm leid. Es ist kein gespieltes Leid. Florin leidet unter diesen Attacken wirklich sehr, das merkt man ihm deutlich an.

Da nur Strukturierungen und klare Abläufe helfen, erstellen wir jeden Sonntag mit ihm eine Liste, in der Aktivitäten, die an den jeweiligen Wochentagen anfallen, aufgeführt werden: zum Beispiel Uhrzeiten der Stützer, die mit ihm für den Realschulabschluss arbeiten, Kakao einkaufen, Flohmarktbesuche oder Schwimmen. Eine medikamentöse Umstellung hat auch stattgefunden, so dass seine Wutanfälle seltener kommen und nicht mehr, wie früher, täglich. Als weitere strukturierende Maßnahme haben wir in einer Halle, die zu unserem Haus gehört, eine Ecke eingerichtet, wo Florin Geschirr zerschlagen darf. Dorthin zieht er sich zurück, wenn er die innere Anspannung nicht mehr ertragen kann. Jeder in unserem Umfeld, der altes Geschirr hat, bringt es zu uns, denn wir haben einen verdammt hohen Verbrauch.

Die Aggressionsecke

Wenn seine Attacke nicht so heftig ist, bekommen wir ihn auch an den Tisch und er muss verschiedenfarbige Nudeln in Gläser sortieren. Das hilft ihm, sich selbst wieder herunterzufahren.

Nicht selten müssen wir leider auch den Nachbarn Rechenschaft ablegen, warum es wieder so laut war, denn Florin schreit und klopft in solch einem Zustand laut gegen alles, auch gegen Fensterscheiben. Und im Sommer, wenn die Nachbarn nachts die Fenster geöffnet haben, kommt bei ihnen ein heftiger Schlag gegen unseren Familienbus, begleitet von einem oder mehreren Urschreien, nicht so gut an.

In meinem Geist hege ich eine Reihe schöner Erinnerungen, aber leider ist es bei mir so, wahrscheinlich auch bei anderen Autisten, dass schlechte Erinnerungen vorherrschend sind und mich häufiger einholen als gute. Sie kommen plötzlich, ohne Vorwarnung. Ich kann mich dann nicht mehr kontrollieren, gerate in Panik gekoppelt mit tiefer Deprimiertheit, Traurigkeit, Verzweiflung. Egal wie alt die Erinnerung ist – oft sind es Erinnerungen an meine schlimme frühe Kindheit in Rumänien –, sie sind so präsent, dass sie zeitgleich, aktuell wirken und mich zutiefst rütteln. Das Gefühl, dass ich damals hatte, das Gefühl des Verlassenseins, der Hilflosigkeit überrollt mich und lässt mich in einem Aufschrei, der sich nicht nur innerlich vollzieht, sondern sich auch in äußeren Angriffen widerspiegelt, schreckliche Aktionen ausüben.

Da ich weiß, dass meine Eltern darunter sehr leiden, tut es mir schrecklich leid, und ich versuche, es hinterher wieder gutzumachen. Ich versuche es immer wieder, obwohl ich weiß, dass man Geschehenes nicht rückgängig machen kann.

Traumländer

Angebunden an trostlose Betten in trostlosen Räumen mit trostlosen Gedanken hatte ich die ersten Jahre meines Lebens verbracht. Gedanken, fern von Freude und fern von Schönem. Genaues kann ich Euch nicht berichten, das kann meine Mutter besser, denn nicht mehr da ist meine Erinnerung an Vieles dort; es tauchen nur spontan kurze Bilder vor meinem Auge auf.

Aber erinnert Euch, meine Leser, an das Gedicht ›Träume‹: Mir ist heute zwar nicht präsent, ob ich in den vielen langen schlaflosen tränenerstickten Nächten von Schönem geträumt habe, vielleicht war ich dazu nicht in der Lage gewesen, aber heute weiß ich: Träume sind ›richtungsweisende Wünsche‹ – ›richtungsweisend‹, da Möglichkeiten weisend für eine schönere Realität.

Hobbys, wie Ihr es nennt, nenne ich Traumländer, weil sie besondere Erlebnisse zulassen, die mir einen vergnüglichen Zustand schenken, einen Zustand wie in einem schönen Traum, die Realität vergessen lassend. Dieser Zustand ist leider nur von kurzer Dauer, aber wenigstens in dieser Zeit werden Wünsche wahr und lassen Sorgen vergessen. Die Realität wird schön, besser, sie erscheint schön, denn Traumländer überdecken ja leider nur reale

Länder, dennoch herrlich, sich darin treiben zu lassen und Realität zu vergessen, auch wenn sie irgendwann wieder beherrschend wird.

Traumland Wasser

Mit dem folgenden Gedicht, das ich 2013 im Rahmen eines Lernbriefes für das Fach Deutsch an der Fernschule schrieb, versuchte ich, die Bedeutung des Wassers nicht nur für mich persönlich, sondern für unseren ganzen Planeten auszudrücken. Wasser ist ein essentiell wichtiges Element, es ermöglicht Leben, ist folglich lebensnotwendig für alles Sein, egal ob menschlich, tierisch oder pflanzlich.

DIE ERDE – EIN WASSERPLANET

ohne Wasser fehlt uns
kostbarer Schatz
zum kostbaren Sein
auf unserer Erde

ohne Wasser
ohne Leben
ist in der Natur Totenruhe

Menschen gibt es nicht
denn
Wasser ist Quelle für alles
Sein (2013)

Ich denke, Wasser ist nicht nur ein wundervolles Element, sondern auch ein Thema, das zu reflektieren von großer Bedeutung für alle Menschen ist, vor allem für Menschen in unserer reichen Welt. Wasser ist für uns selbstverständlich, davon haben wir genug, ein fataler Gedanke, da er falsch ist. Bereits heute haben nicht die Lebewesen aller Kontinente der Erde genügend Wasser zum Überleben und das kann noch schlimmer werden und auch uns treffen.

Ich persönlich finde Wasser generell faszinierend und hatte es daher auch für meine Hauptschulabschlussprüfung als Prüfungsthema im naturwissenschaftlichen Bereich gewählt. Umrahmt hatte ich meine Präsentation zum Thema ›Die Erde – ein Wasserplanet‹ mit Gedichten,

HEIMAT ERDE

Erde, unsere Heimat,
Erde ohne Wasser keine Heimat
ohne Regen keimt Pflanzenleben nicht
ohne Süßwasser leben Menschen nicht
ohne Salzwasser schwimmen Fische nicht im Ozean

Wasser über Leben wachend
ohne Wasser
egal ob süß oder salzig
kein Leben
kein fruchtbarer Planet
keine Erde, keine Heimat (2014)

von denen ich zwei in diesem Abschnitt meines Buches bereits vorgestellt habe.

Auch das Gedicht ›Durst‹, das an anderer Stelle des Buches abgedruckt ist (s. Seite 69), stammt aus dieser Phase des Schreibens, einer Phase, in der es mir oft schwerfiel, mich zu konzentrieren, denn immer wieder tauchten die Bilder des Leidens in mir auf, Bilder von Not leidenden Kindern in Afrika, Bilder, die ich bei der Vorbereitung meiner Prüfung nicht umgehen konnte und die mich in ihren Bann zogen und verfolgten.

Leiden kenne ich noch aus Rumänien, es ist tief in meinem Innern verwurzelt, teils auf unbewusster, nicht mehr präsenter Erfahrung, einer Erfahrung, die aber Spuren ganz tief im Innern hinterlassen hat. Im Waisenheim waren Hunger und Durst unsere stetigen Begleiter, Begleiter in einer hoffnungslosen Lage, in einer herzlosen Welt, einer Welt, die jedoch nicht grausam war durch herzlose Naturereignisse wie Dürrekatastrophen oder Überschwemmungen, sondern durch herzlose Menschen.

Wasser ist herrlich. Ich liebe es, in diesem Element zu sein. In der Zeit, in der ich mich im Wasser aufhalte, gelingt es mir leichter, die Gestalten, die mich in meinem Innern entsetzlich schmerzen, tief unter großen Hügeln von Bewusstsein zu besänftigen. Im Wasser regiert Ruhe, Ruhe, die wohltuend wirkt.

Außerdem genieße ich das Wasser um mich herum, da es mir ein herrliches, samtweiches und erfrischendes Gespür auf der Haut gibt. Wasser kannte ich in meinen ersten Jahren im Gefängnis für arme Kleinwesen nur aus den Dosen, mit denen uns eine schmutzige Brühe zum Löschen unseres großen Durstes eingeschüttet wurde. Im Wasser sitzen und es genießen dürfen, war mir vollkommen fremd und daher genoss ich es früher und genieße es noch heute.

›WASSER‹ (von Leon Junker, 2015)

Wasser – Autismus

Wasser
Retter in beginnendem Überlebenskampf

ruft autistisch zu schwachen Körper in
Zustand von Seinsgespür

jagt richtige Gefühlerfahrungen zu einem
für Wahrnehmungen
fehlerhaft laufendem Zentrum

Wasser schafft
die Vermittlung von Leben durch
Spüren von herrlicher Kälte
dezenter Bewegung
Frieden findender Einheit mit richtigem
Trost spendendem Feingefühl von
Leichtigkeit
Schwerelosigkeit

Sein wird rosenblütenzart (2014)

(BIRGIT MÜLLER) *Irgendwann bemerkten wir, dass Florin Wasser liebte. Immer, wenn wir ihn suchten, saß er irgendwo am oder im Wasser, in einer Pfütze oder in der Badewanne, völlig egal ob mit Kleidern und Schuhen.*

Einmal, Flo war etwa sechs Jahre alt, suchten wir ihn. Es war kurz vor Weihnachten und draußen bitterkalt. Wir konnten ihn nicht finden. Da er unseren Hof nicht verlassen konnte, musste er noch auf dem Grundstück sein. Wir hatten das ganz Gelände nämlich eingezäunt. Dennoch bekamen wir große Angst. Was konnte passiert sein? Das Regenwasser, das wir vom Dach in einer großen Tonne auffingen, hatten wir abgedeckt und somit gesichert.

Auf einmal hörten wir Florin jauchzen. Er war offensichtlich im Glück. So hörte es sich auf jeden Fall an. Mit einer Taschenlampe bewaffnet machten wir uns auf die Suche, immer Florins Lachen nach. Da fanden wir ihn. Er hatte sich ausgezogen, die Sicherungsplatte von der Tonne weggezogen und stand mit Pampers in der Regentonne. Das Wasser reichte ihm fast bis zum Hals, seine Lippen waren blau, aber der kleine Kerl war total glücklich. Wir holten unseren Schatz zwar sofort da heraus, er durfte aber als Ersatz heiß baden gehen. Von dieser Aktion bekam er nicht einmal einen leichten Schnupfen.

UNSERER ERDE …

Pole befinden sich nördlich und
südlich
in deren Herzen findet sich Wasser
Wasser
kunstbar erstarrt zu gewaltigen
Eismassen

Eis und Schnee machen Gesetz fester
Zustandsformen wahr

Aber die Schönheit kann schnell umschlagen in
große Gefahr
Wärme
Wärme die
verwandelt Eis und Schnee zurück in
Wasser

Wasser
mächtig rauschend
als rasende Wassermasse tobend
zerstörerisches Potential besitzend

jeden erinnert es an
gefährlich
kochendes
brodelndes
tosendes Wasser

Aber es mangelt an fauchendem
gasförmigem Zustand
dem Dampf
der dritten Seinsform von
Wasser (2014)

Jeder von Euch kennt auch eine andere Seinsform von Wasser, die feste, die sich in Eis und Schnee zeigt. Schnee ist ebenso genussbringend wie Wasser. Um im Schnee zum richtigen Erlebnis zu kommen, ergötze ich mich an der herrlichen kühlen weißen Pracht. Sie ist wunderschön anzuschauen.

SCHNEE

Schneeflocken
Schneeflocken schweben
Schneeflocken schweben seifenblasenschillernd
Schneeflocken verzaubern Sein von Grau in Weiß
Schneeflocken zaubern
Schneezauber
Schnee (2013)

Schnee lässt in mir ein unbeschreibliches, gutes Verlangen aufkommen, die im Winter besondere Kälte zu spüren. Ich liebe Kälte. Sie lässt mich Sein aktiv spüren, fördert meine Körperwahrnehmung in besonderem Maße.

Aber ich weiß auch, dass Winter zwei Seiten hat, die schöne, die ich genieße und die nicht so schöne. Autos stecken fest und ohne Blick für das Schöne schimpfen Menschen lauthals. Ich hingegen betrachte freudig den kalten Schnee, samtweich zu Boden schwebend, fallend, wie Ihr es nennt, finde ich zu hart. Für mich kann Schnee wegen seiner Leichtigkeit nicht fallen, sondern nur schweben.

Flocken tanzen auf meine Haut herab, lassen mich das Sein auf feine Art spüren, spüren durch einen sanften Hautreiz. Lasse ich mich auf den Boden, in den Schnee fallen, so verspüre ich eine kristallene, gläserne Wahrnehmung vornehmlich im Gesicht, ein für mich freudiges Wahrnehmen von leichtem, aber bei mir nach mehr rufendem Schmerz.

Im Fernsehen habe ich Berichte von Kältetoten gesehen. Das ist furchtbar. Ich habe Angst, denn ich bin überzeugt, dass auch in meinem Geburtsland Rumänien Menschen und besonders Kinder ohne Eltern, Kinder in Waisenheimen, wie ich früher, an Kälte sterben müssen. Auch wenn ich es heute nicht mehr beweisen kann, so glaube ich, dass ich nicht mehr leben würde, wenn mich Mama und Papa nicht gekauft hätten. Ich war sehr schwach und hungrig und wäre daher bestimmt ebenso an Kälte gestorben wie andere arme Menschen.

Ich denke also, dass auch meinem Leben zu viel an Kälte schaden würde, aber in richtigem Maße genieße ich sie.

Traumland Kaufen

(Birgit Müller) *Je besser der Gesundheitszustand von Flo wurde, umso schwerer war es, mit ihm auszukommen. Da er nicht sprechen konnte und auch ansonsten wenig mit uns kommunizierte, war es fast unmöglich, mit ihm unser Gelände zu verlassen. Er schrie dann unentwegt. Etwas einzukaufen war mit ihm unmöglich.*

Heute weiß ich: Es war die reinste Reizüberflutung, die er nicht ertrug und daher schrie. Jens, unser Ergotherapeut, machte den Vorschlag, es mal auf einem Flohmarkt zu versuchen. Seitdem ist Florin ein Flohmarktjunky.

Aus Unwissenheit hatten wir Flo auch mit Spielzeug überflutet. Dazu kam es folgendermaßen: Er saß in einer Ecke und irgendwann griff er nach einem Ball, der ihn faszinierte und mit dem er sich dann unentwegt intensiv beschäftigte. Was machten wir? Wir kauften Bälle, viele Bälle, sehr viele, zu viele, wie wir heute wissen. Das ging dann mit anderen Dingen ebenso, denn: Mein Gott, was waren wir froh, dass Flo überhaupt nach etwas griff!

Da wir damals in einem alten Bauernhaus wohnten und ständig am Renovieren waren, zeigte Florin auch großes Interesse an Dingen wie Werkzeug und Rohren. Dies machten wir uns zunutze und gingen mit Flo nicht nur auf Flohmärkte, sondern auch in Baumärkte, wo wir das Einkaufen regelrecht mit ihm übten. Natürlich bekam er dann auch jedes Mal, wenn es gut klappte, eine kleine Belohnung, mal ein Rohrstück, mal Abdeckplanen, die er liebte, weil sie so schön knistern und Weihnachtskugeln, seine große Leidenschaft.

Im nächsten Schritt ging es zu Lidl. Dort gab es Milch, Ketchup und so weiter, also auch alles Dinge, die Florin, wie Sie schon zu Beginn des Buches in meinen Ausführungen lesen konnten, über alles liebt und die für ihn zu seinen Essensfavoriten zählten.

Das Rofu Kinderland ist in diesem Zusammenhang nicht zu vergessen. Jeden Freitag war Rofu-Tag. Wie dumm und unwissend wir waren, was unseren kleinen Sohn betraf, merkten wir an einem Karfreitag. Damals ahnten wir nämlich noch nicht, dass Flo die Wochentage genau kannte.

Wir dachten: Freitag ist die Schule früher aus und daran orientiert er sich. Also gingen wir in den Osterferien, aufgrund des Feiertags Karfreitag, donnerstags zu Rofu. Da war aber richtig Stress angesagt. Es war nun mal nicht Freitag, also gewohnter Rofu-Tag, sondern Donnerstag. Das brachte Florins systematische Ordnung völlig durcheinander und er rastete aus.

Heute ist es so: Florin geht inzwischen leidenschaftlich gerne einkaufen. Wir müssen mit ihm etwas kaufen gehen, das entspannt ihn und uns. Wir haben jedoch erkannt, dass wir im Vorfeld mit ihm genau absprechen müssen, was er bekommt, eine Regelung, an die er sich dann auch hält und ruhig bleibt.

Auch wenn wir sonstige Aktivitäten, wie zum Beispiel einen Zoobesuch, mit ihm unternehmen, steuern wir als erstes den Verkaufsstand an. Er kauft sich dann etwas von seinem Taschengeld, zum Beispiel einen Becher. Das ist sozusagen sein Motor, störende Umwelteinflüsse vor sich abzuschotten. Abzuschotten dadurch, dass er dann den Becher in den Händen dreht und sich darauf konzentriert.

Häufig ist leider solch ein zerbrechlicher Becher am Ende des Rundgangs kaputt und wir gehen dann wieder einen neuen kaufen.

Wenn ich von Traumländern spreche, so gibt es ein Traumland, das ich besonders liebe, wenn es um ›Kaufen‹ geht.

Es nötigt mich durch Pfeile und beste Strukturierung richtungsorientiert, ohne vom Weg abzukommen und daher sehr kontrolliert, ohne Hilfe Ruhe zu finden, Gläser, Becher, Schüsseln in einem Gefühl selbstständiger Freiheit zu finden, sie berühren zu dürfen und so vielfältige klingende Leichtigkeit und Entspannung zu erzielen. Es ist mein Lieblingsgeschäft: IKEA.

(BIRGIT MÜLLER) *Im Zusammenhang mit ›kaufen‹ fallen mir zwei Episoden ein, die ich Ihnen nicht vorenthalten möchte: Flo ging mit seinem Vater einkaufen. Bereits als Kind liebte er Bier. Es gefiel ihm, Bier in ein Glas zu schütten, um zu sehen, wie der Schaum wächst. Es gab Zeiten, da setzte Flo sein ganzes Taschengeld in Bier um. Obgleich wir zwar nie wirkliche Angst hatten, dass er das Bier auch trinken würde, brachten wir ihm dennoch bei, dass Bier, wie Alkohol allgemein, dumm mache und da er zu dem Zeitpunkt bereits mit uns über Gebärden kommunizierte, lernte er somit auch die entsprechende Gebärde kennen. Ich weiß: Diese Gebärde ist nicht unbedingt, da nicht in jeder Situation ›wertvoll‹, es ist nämlich das mehrmalige Antippen der Stirn mit dem Zeigefinger.*

Also: Florin und sein Vater standen bei Lidl an der Kasse (zu dem Zeitpunkt klappte Kaufen nur im Baumarkt und bei Lidl). Ein Mann hinter den beiden kaufte größere Mengen Bier und stellte sie bereits der Reihe nach auf das Band. Auf einmal tippte Flo erst seinen Vater, dann aber auch den Herrn an, sagte laut und deutlich ›dumm‹ (Flo kann ja vereinzelte Worte sprechen beziehungsweise anlautieren) und zeigte ständig mit dem Zeigefinger an die Stirn. Mein Mann hatte große Mühe, sich aus der Situation heraus zu retten, denn der Herr war sichtlich erbost über das permanente, nicht locker lassende Verhalten unseres Sohnes. Erklären Sie in solch einer Lage einmal einem fremden Menschen, Ihr Sohn sei Autist und er möge das bitte nicht persönlich nehmen. Das ist schier unmöglich. Alle Augen starren auf Sie und das offensichtlich total unerzogene Kind. Ebenso wie in der folgenden Einkaufssituation:

Mein Mann stand mit Flo an der Kasse, wieder im Lidl. Vor ihnen stand eine Frau in einer sehr engen Lederhose. In einem unbeobachteten Augenblick konnte Flo vermutlich nicht anders, er musste der Dame einfach auf den knackigen Po hauen. Sie können sich vorstellen, dass mein Mann alle Mühe hatte, die Frau davon zu überzeugen, dass nicht er, sondern Flo der Täter gewesen war. Sie glaubte es ihm offensichtlich nicht und war so erbost, dass mein Mann das Gefühl hatte, die haue ihm gleich vor allen Leuten eine runter.

Traumland Gläser

Jedem düsteren Gedanken, für Euch wahrscheinlich auch, wenn Ihr mich dabei beobachtet, jeder Vernunft entflogen, liebe ich es, in hellen Klängen besonders feiner, leider auch sehr zerbrechlicher Gläser, ein Gefühl von klingender Leichtigkeit zu erfahren.

Meine besondere Leidenschaft:
Gläser sammeln

Gläser

klingend
grazil
fein
Uhrwerk der Unruhe
mit zartem Gespür
in klare Ordnung leitend

rein
glänzend
aber trotzdem
kein dem Tod bestehendes Element
da zerbrechlich
da fragil
da vergänglich
vergänglich
wie das Leben

schön
schön im Ursprung
schön in seiner reinen Form
leider nur in dieser
denn
leider oft zerstört (2016)

Durch Anschnappen des Glases mit Hilfe meiner Fingernägel erziele ich diesen herrlichen feinen Ton, Musik in meinen Ohren, da nicht aufdringlich, sondern zart und behutsam, liebevoll, so liebevoll, dass ich es mag, dies immer und immer zu wiederholen. Mein Inneres fordert mich auf, es ständig zu wiederholen, ein Zwang, dem ich gerne folge, denn er verleiht mir Glück und Entspannung. Wenn ich es nicht machen würde, würde mich die Empfindung der Leichtigkeit, überspringend von den feinen Gläsern auf mich, verlassen und ich würde wieder in den Kampf mit den dunklen Gestalten in mir versinken.

Auch wenn ich nicht viel Musik höre, da sie oft laut und wild ist und mein wildes Innenleben noch mehr aufwühlt und unruhig auflodern lässt, so hat mir eine liebreizende Retterin, Retterin, da Versteherin meiner flehenden Worte, wie ich es einmal ausdrückte, eine große Dichterin aus Wien, der ich innigstlich verbunden bin, die Musik der Glasharfe näher gebracht und wenn ich diese Musik höre, beruhigt sich mein aufgewühltes Inneres und ich kann genießen und Ruhe im Frieden finden. Besonders gut gefällt mir das Spiel auf Weingläsern.

Ich bin mir sicher, dass es oft verwunderlich ist, dass ich meine Gläser zum Teil zerschmeiße, ebenso wie andere Dinge, die mir eigentlich wichtig waren. In diesen Momenten der absoluten Verzweiflung regiert nur ungezähmte und für mich unzähmbare Wut und Verzweiflung. Um der Selbstzerstörung zu entfliehen, mich davor selbst und auch andere, die mir lieb sind, zu schützen, greife ich zu Dingen, die mir wertvoll sind und zerstöre sie, einem Zwang folgend, einem Zwang, der sich über mein eigentliches Inneres gnadenlos hinwegsetzt. Sehr oft könnt Ihr beobachten, dass ich mich trotzdem noch selbst verletze, immer dann, wenn meine Verzweiflung so groß ist, dass allein das Zerstören mir lieber Dinge nicht ausreicht, um mit der Situation zurechtzukommen und Ruhe finden zu können.

Meistens schlage ich mich intensiv auf den Rücken. Ich weiß dann genau, was Ihr denkt, aber ich kann es nicht ändern. Es ist furchtbar, furchtbar, willenlos zu handeln, willenlos handeln zu müssen, einer bedrohenden Macht Folge leistend, um sich selbst vor Schlimmerem zu bewahren, um sich vor der grausamen Rache der Macht zu schützen.

Lebensstern in Rot

Rot
Grundfarbe
Ursprungsfarbe
reine Farbe
erblassend
aber doch explosiv
da Basis für
Neues
Basis für
Mischung
neuer Zustände

Unsagbares Potential
für
Erhellung innerer Kräfte
zerstörend ein
negatives Lebensinneres
nicht zerstörend ein
Fundament innerer Erleuchtung

Rot
Zeichen von
Lebensursprung
Lebensreinheit

gemischt zu
Orange
Zeichen von

Lebensflamme
Lebenslicht

erstrahlt
sendet Strahlen Richtung Mensch
zieht ein in Mensch
prallt ab an Mensch

denn

Entzündung erfordert Zulassen
Erleuchtung erfordert Zulassen
Zulassen auf
Einlassen
Einlassen auf
Freude
Besonnenheit
Hoffnung
Leben (2015)

›LEBENSSTERN‹ (von Julian Bodem, 2015)

Die Parallelität von Angst und Hoffnung

›Durchdringende Gestalt von neuer Kraft‹ (F. M.)

Hoffnung bestärkt ein Einlassen, dieses Einlassen aber zuzulassen, verlangt Mut. Ihr seht, es geht nicht eins ohne das andere und das ist das Schwierige daran: keine Angst zu haben, den Mut aufzubringen, damit Hoffnung in Erfüllung gehen kann!

Um Hilfe komplett und gut zu erfahren, steht man oft vor hohen Ansprüchen. Ohne ziemlich starke Überwindung geht es nicht. Ein Einlassen auf den Versuch, Hilfe zu erhalten, Neues anzugehen, den Schritt in die Dunkelheit des Ungewissen zu wagen, also all die großen Anforderungen für den Weg zu einem eventuellen Licht anzugehen, muss der Mensch zulassen, zulassen können, zulassen wollen. Dafür muss die Zeit gereift und der Wille stark genug gewachsen sein, um das Zulassen vom Innern her zu erlauben.

Ich habe mich entschlossen, den Weg anzugehen, Hilfe zuzulassen, auch wenn es schwerfiel und schwerfällt und ich oft große Angst habe. Angst ist aber, wie ich denke, normal, Angst davor zu versagen oder enttäuscht zu werden. Ich habe sehr oft sehr große Angst, besonders Angst, selbst zu versagen und jage daher häufig ohne Pause von einer Panik in die nächste Panik und habe das Gefühl, ich schaffe es nicht, mein furchtbares Leben zu sprengen. Es kostet mich daher größte Kraftaufbringung, die Hoffnung und den Mut nicht zu verlieren und aufzugeben. Ich denke, Ihr schafft es sicher, wenn ich es sogar manchmal schaffe, denn Ihr seid nicht so willenlos und kraftlos wie ich.

›Zu autistisch vermag ich das ja großartige und herrliche Leben hier nicht zu finden.‹

Diese Gedanken schrieb ich 2011 auf, ganz zu Anfang meiner Möglichkeit zu schreiben. Wenn ich sie heute lese, spüre ich in ihnen eine tiefe Hoffnungslosigkeit und werde glücklich und des Dankes voll, dass ich Hilfe zugelassen habe, Krafthilfe für den Mut, mich auf ein Leben einzulassen und mich nicht nur dauerhaft mit einem nur ›da sein‹ abzufinden, auch wenn dieser Schritt ein Angst einflößendes Wagnis bedeutet. Ich schaffe es nur, mich einzulassen auf Euer Hilfeangebot, weil ich sonst furchtbarer Hoffnungslosigkeit machtlos ausgeliefert wäre.

Ich habe die größte Angst davor, zu roh zu toben, im Einlassen auf Menschen zu versagen und mein Leben morgen aufzuhören, ohne eins meiner Ziele erreicht zu haben. Gleichzeitig aber habe ich auch die Hoffnung, es zu schaffen, denn ohne Hoffnung wäre alles sinnlos. Wer die Hoffnung abgibt, vergibt sein Leben.

ANGST

kein Zutrauen
zur Bewältigung standardisierter sinnvoller
Forderungen

Seinszweifel
an Können eigener Vernunft

kein Kopfbewusstsein
für Stärke des eigenen Körpers

Richtungslosigkeit

durchjagen den Menschen
sichten und festigen

Angst

fundamentales inwändiges Erzittern
Kraftverlust
Starre
Furcht

Angst (2015)

Sich einlassen zulassen

(Birgit Müller)

Wir wollten ein Kind.

Wir bekamen ein Kind.

Das Kind war nicht gesund. Das Leben ist kein Wunschkonzert.

Wir haben versucht, unser Leben mit Florin einzurichten.

Wir haben die Behinderung akzeptiert.

Wir haben uns auf die Behinderung eingelassen.

Wir haben viele Dinge angenommen, so wie sie halt mit einem Autisten sind.

Wir haben unser Haus sicher gemacht, Vitrinen zum Beispiel mit Schrauben gesichert.

Wir haben zugelassen, dass viele Menschen sich in unser Leben einmischten, wie zum Beispiel Therapeuten.

Wir haben zugelassen, dass Florin bestimmte und bestimmt, ob und wann wir schlafen.

Wir haben es angenommen, dass es kaum möglich wurde, als Familie etwas zusammen zu unternehmen. Es schien uns eben nicht anders möglich.

Wir haben es zugelassen, dass wir zu Geburtstagen über Jahre nur einzeln gingen. Einer von uns musste immer zuhause bei Florin bleiben. Es ging eben nicht anders.

Wir haben keine Einladungen zu Taufe, Kommunion oder ähnlichem gemeinsam mit Florin angenommen. Auch darauf haben wir uns eingelassen.

Wir konnten nie auf eine Veranstaltung gehen und daher finden jetzt manche Feste automatisch bei uns statt.

Wir konnten nie auf eine Veranstaltung wie zum Beispiel Sommerfeste als Familie gehen. Einer von uns war immer zuhause bei Florin.

Wir haben es erlaubt, dass Florin bestimmt, ob ein Fest zuhause gleich zu Ende ist oder nicht.

Wir haben es zugelassen, dass wir nichts vorbereiten können, wie zum Beispiel den Tisch schön eindecken, wenn Besuch erwartet wird. Die Gläser sind dann nach kurzer Zeit weg und die Glasflaschen leer oder kaputt. So war es bei der Konfirmation von Flo.

Wir bekamen auch das hin. Wir versuchten, seine Gedanken zu erraten und solche Dinge zu vermeiden.

Wir haben all das zugelassen und erlaubt.

Wir haben vieles richtig gemacht, aber auch vieles falsch.

So ist es im Leben.

Heute lassen wir uns darauf ein, dass sich unser Leben komplett ändert.

Wir müssen es zulassen zu erkennen, dass wir unseren Sohn als geistig behindert eingeordnet haben.

Wir müssen es zulassen, diesen Fehler zuzugeben.

Wir müssen unseren Kopf und unsere Denkweise entsprechend ändern.

Wir müssen akzeptieren und lernen, eine neue Sichtweise zu entwickeln.

Wir müssen uns Gedanken über ein verändertes Zukunftsbild machen.

Wir müssen uns darauf einlassen, das zuzulassen. Und das ist nicht einfach.

Wir müssen versuchen, es zu schaffen.

Wir müssen die damit einhergehenden Probleme angehen und ertragen, Probleme, die ich Ihnen an einigen Stellen der folgenden Kapitel noch genauer darlegen werde, damit Sie diese Worte hier besser verstehen können.

Durchbruch – Aufbruch

Uferlos im Unrat geboren
ohne hortende Pflege
von Machtbesessenen beherrscht
nur Sein
kein Leben
nur hohler Körper
ohne Zukunft
dem Mut bestohlen
im Waisenheim
in Rumänien

Liebe Menschen kamen
Durchgang ins Leben frei klopfend
kauften grässliches
der Liebe unerfahrenes Kind
Kind
ohne Leben
ohne Hoffen
leere Hülle
abgestorben
tot

Freude hat endlich Einzug
Glück macht sich wahr
Tod erwacht zu Leben
Frieden jagt durch einst leere Hülle

Beängstigung jedoch nur

bruchteilhaft besiegt
bruchteilhaft bleibend
nicht verschwindend
wegen nutzloser
nein
grausiger Vorherrschaft des
Autismus

unter Aufsicht netter Menschen
findet bislang nutzloses Wesen

Durchbruch

Taten liegen im Anstart
ja
Licht erstrahlt einen
geschwächten Körper
erweckt
Sein zu
Leben
langsam zwar
aber von Hoffnung getragen (2015)

Entscheidungen für neue Wege: Gebärdensprache – Schreiben

›Macht Euch auf den Weg bevor er wieder verschüttet ist‹ (F. M.)

(BIRGIT MÜLLER) Als *Florin schulpflichtig wurde, fuhr ich quer durchs Saarland und schaute mir, teilweise mit ihm zusammen, Schulen an.*

Viele Schulen kamen nicht in Frage: Unter dem Motto ›Wenn ein Kind Kataloge zerreißen kann und will, kann es das bei uns gerne täglich bis zum Schulschulschluss machen‹ wollte ich meinen Sohn nicht eingeschult wissen.

Irgendwann kamen wir zu einer Schule, die Flo und mir spontan gefiel. Dann kam der Tag der Einschulung. Alle anderen Kinder saßen bei ihren Eltern oder klebten an ihnen, wenn diese den Raum verlassen wollten. Nur unser Sohn machte uns verständlich, wir sollten gehen, er würde bleiben. Als wir jedoch nicht sofort gingen, fing er an zu schreien.

Heute würde ich sagen: Flo hat sich die Schule selbst ausgesucht. In dieser Schule für geistige Entwicklung hatte er sehr viel Glück, denn seine Lehrerin war eine sehr erfahrene Lehrerin mit ganz viel Herz, eine Pädagogin aus Berufung. Sie war immer sehr konsequent, aber dabei immer liebevoll. Bis zum Ende seiner Schulzeit dort flüchtete Florin, wenn es ihm in der Schule schlecht ging, zu ihr.

›Ich habe hier im Haus und im Gebäude der Schule richtig treue Menschen, die mir Kraft geben und Mut machen, dem Leben einen Sinn zu geben.‹

Das schrieb ich 2011. Unsere Schule half mir zu versuchen, das Leben ordentlich zu gestalten und gut zu organisieren. Ich kann, hilflos wie ich bin, nicht richtig leben, weil bedrohliche Geister in mir toben. Sie haben, wie ich schon wiederholt geschrieben habe, weil es das Schlimmste ist, was mich belastet, große Gewalt und Macht, jeden Tag zu fordern, warum und wie ich stören soll.

(BIRGIT MÜLLER) *2010 wurde an der Schule die Gebärdensprache eingeführt. Ich belegte als Mutter einen entsprechenden Kurs, um dies auch zuhause nutzen zu können. Es stellte für uns als Eltern und auch für unseren Sohn eine riesige Erleichterung dar. Vorher konnte Florin nur auf etwas zeigen oder ich musste anhand seiner Stimmung erkennen, wie es ihm ging. Durch die Gebärden fiel es mir leichter, ihn zu verstehen.*

Gebärde ›arbeiten‹

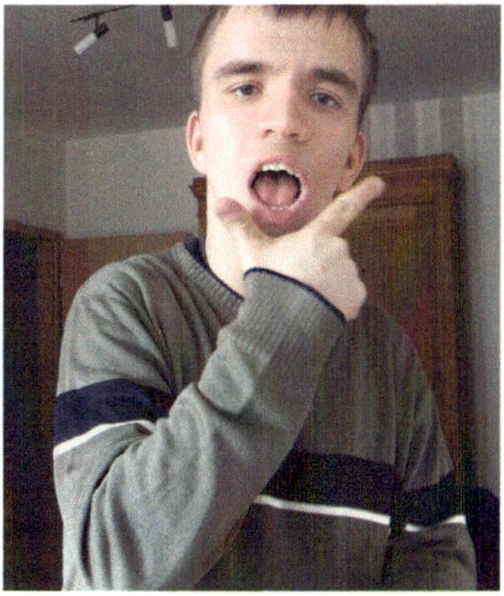

Gebärde ›Mittwoch‹

Florin nahm das Angebot der Gebärden sehr gut an und der größte Teil seiner spontanen Kommunikation läuft bis zum heutigen Tag über diese Schiene.

Auch auf die Gebärdensprache mussten wir, was ich vorher schon hinsichtlich vieler anderer Aspekte ansprach, ein sich Einlassen zulassen. Mit einem behinderten Kind fällt man immer auf. Wenn man dazu noch gebärdet, fällt man noch einmal mehr auf. Da muss man sich schon überwinden.

Gebärdensprache ist für mich wie eine Fremdsprache. Man muss sie ständig ›sprechen‹, um sie nicht zu vergessen. Viele Gebärden sind zwar selbsterklärend, aber andere, wie zum Beispiel Fragewörter oder Begriffe wie ›neu‹, ›morgen‹ oder ›Mama‹ sind kaum oder gar nicht zu verstehen, wenn man sie nicht kennt. Besonders wichtig sind auch Gebärden, die Gefühle ausdrücken, wie zum Beispiel ›Es tut mir leid‹ oder ›Entschuldigung‹. Wir waren damals sehr froh und dankbar, dass wir auf diese Weise unseren Sohn besser verstehen konnten. Gebärden waren und sind nach wie vor eine sehr wertvolle Hilfe, besonders in der alltäglichen Kommunikation.

Gebärden sind für Menschen ohne sinnvolle Stimme ein Geschenk, denn sie sind hilfreich zur Verständigung und helfen dadurch jedem wegen fehlender Sprache Hadernden, ein Stück Lebensglück, Lebensreichtum zu gewinnen. Ich genieße es, durch die Händesprache an Eurer Unterhaltung teilhaben zu können.

Wenn ich das machen kann und das Leben dadurch nicht nur an mir vorbei läuft, vorbei läuft, ohne mich zu beachten, ruht Ruhe in mir und mein Selbstbild ändert sich, ändert sich zu einem Gefühl, ein Stück weiter gekommen zu sein mit dem Zug Richtung wirklichem Leben.

(BIRGIT MÜLLER) *Dann kam irgendwann der Tag, an dem die Therapeutin in die Klasse kam und Flo das Schreiben anbot, zunächst mit Buchstabenkarten und an der Buchstabentafel, aber es dauerte nicht lange, da wollte Flo unbedingt an den Computer. Noch heute, gut vier Jahre später, ist sein Laptop sein Heiligtum.*

Er hat zwei davon, die strikt getrennt werden, was ihren Einsatz betrifft: Uuhause arbeitet und googelt er ausschließlich an seinem privaten Laptop, um ihn mal so zu bezeichnen, für die Fernschule hingegen arbeitet er nur an seinem Schullaptop, der ihm auch privat gehört.

Das Schreiben macht mich auch ruhig, was schon Teilnehmer an Fortbildungsveranstaltungen, auf denen ich Referent war, erstaunt feststellten. Ich genieße das Schreiben, auch wenn es mir oft schwerfällt, meine Gedanken auf das zu richten, was ich schreiben möchte.

Warum schreie ich so oft und warum so laut? Eine Frage, die mir häufig gestellt wird. Ich schreie aus zwei Gründen: Zum einen drückt Schreien Verzweiflung aus, zum anderen hilft mir das Schreien, mich zu spüren, mich zu hören, mich zu orten.

Das Schreiben wiederum hilft mir, dieses Schreien unterdrücken zu können, denn es jagt den furchtbaren Gesellen weg, den Gesellen, der mich kraftlosen Menschen kommandiert, mich dadurch von Euch trennt und somit in ein dunkles Verlassensein treibt. Das Schreiben unterdrückt Verzweiflung und die Konzentration auf die Buchstaben erleichtert es mir, mich zu orten.

Mein Freund Julian, der auch des Sprechens unfähig ist, beschreibt Schreiben so:

›Schreiben liebe ich, es ist so sensationell. Es macht besonders richtigen Spaß. Ich kann Euch endlich Zeichen geben, was uns Autisten anders macht.‹ (Julian Bodem, 2010)

›Ich suche gerne eine richtige Erzählung mit Euch. Ich kann sie durch das Schreiben finden. Ich möchte dadurch in einer neuen Welt mit Euch zuhause sein.‹ (Julian Bodem, 2010)

(BIRGIT MÜLLER) *Eigentlich hatten wir bis auf eine Ausnahme immer Glück mit Flos Lehrern, auch in der Zeit, als Flo mit dem Schreiben anfing und seinen Regelschulabschluss vorbereitete. Sie unterstützen ihn, wo und wie sie konnten. Ein Grund lag sicher auch darin, dass ihn nicht jeder in seiner Klasse haben wollte, aber die, die ihn dann in ihre Klasse holten, machten es freiwillig und aus Überzeugung. Die anderen sind auch teils zu verstehen, denn Flo war und ist noch immer mehr als anstrengend, was ich an kurzen Beispielen zeigen möchte.*

Ein Teil meiner Helmsammlung

Einmal war Flo aus der Schule verschwunden und alle waren in heller Aufregung. Dazu muss man wissen: Eine Leidenschaft von ihm war und ist das Tauschen von Dingen: Er gibt ein Teil und tauscht es mit jemandem gegen ein anderes. Regelmäßig ein Tag der Woche war und ist Tauschtag und dieser Tag des Verschwindens war solch ein Tauschtag.

An diesem Tag hatte er einen alten Fahrradhelm zum Tauschen mit dabei. Flo sammelt schon seit Jahren Helme. Nun war Flo weg, die Schule suchte ihn verzweifelt, aber da kam er auch bereits von alleine zurück, stolz mit einem neuen Integralhelm. Er hatte ihn von einem Motorrad, das er am Straßenrand entdeckt hatte. Den neuen Helm hatte er gegen seinen alten Fahrradhelm getauscht. Selbstverständlich ging einer der Lehrer mit ihm zu dem Ort des Tausches zurück und er musste wieder zurücktauschen, aber schmunzeln mussten die meisten dennoch. Oder: Wenn Florin mit im Schullandheim war, ging kurz nach dem Einzug immer die Feuersirene, denn Flo musste zwanghaft den Knopf drücken. Verständlich, dass ihn nicht jeder in seiner Klasse wollte. Aber zurück zum Schreiben: Auch wenn Flo immer noch sehr anstrengend ist, wenn er immer noch eine Rund-um-Betreuung braucht, bin ich wahnsinnig stolz auf ihn. Plötzlich sitzt er da und löst Aufgaben, die ich erst einmal nachschlagen muss.

Schreiben ist so toll, auch wenn es immer wieder Tage gibt, an denen es mir schwerfällt, die Kraft zum Tippen aufzubringen, mich richtig einzuordnen, meinen Körper so wahrzunehmen, dass ich mich auf das Schreiben einlassen kann. Wenn es zu schlimm wird, legt man mir Gewichte um Hände und Füße, so dass ich die Glieder besser spüren kann. Oft reicht das, man kann sie nach kurzer Zeit abnehmen und ich finde dann die Anspannung zum Tippen.

Als meine Klassenlehrerin heiratete, hatte ich kurz zuvor begonnen, am Computer zu schreiben und somit erfreute es mich ganz besonders, dass ich meiner Lehrerin selber eine Karte schreiben konnte und ihr damit zum ersten Mal meine Dankbarkeit in Worten ausdrücken konnte:

> *»Für Dich hege ich in meinem Herz herzjubelnde Gefühle, leider jedoch in heftigem Kampf mit furchtbarer Gefahr feindlicher Halunken in mir. Rosen möchte ich Dir schenken jeden Tag, sie stellen auf Deinen Tisch. Ich habe viel Jubeln in meinem Herz, Jubeln, Dir zu geben, denn ich finde, dass Du ohne Fehler bist. Ja klar, wir zerrühren in der Klasse oft Deine große Geduld. Ich bin besorgt und möchte gerne lieber sein, ahne aber nichts Gutes, weil die Halunken in mir zu stark sind.‹*

Mit Schreiben kann ich Euch mitteilen, was mich beschäftigt, ich kann mit den Menschen sprechen, die keine Gebärdensprache verstehen. Ein Beispiel dafür ist mein Interview mit einer Reporterin der Zeitung.*

Besonders gerne schreibe ich Gedichte. Gedichte gefallen mir sehr gut, denn ein Gedicht irrt sich nicht. Damit meine ich: Es ist das tiefe Innere des Dichters, was er nur auf diese Weise nach außen tragen kann. So geht es auch mir.

* Saarbrücker Zeitung, Saarlouiser Rundschau Nr. 157 vom 10. Juli 2015

„Es ist ein neues Leben!“

Ein Interview mit Florin Müller über die Gestützte Kommunikation

Über die Gestützte Kommunikation hat SZ-Redakteurin Nicole Bastong mit Florin Müller ein Interview geführt. Die Antworten auf ihre Fragen hat Florin ohne Hilfestellung getippt und zum Teil mit Gesten unterstrichen.

Florin, du hast zur Überraschung aller gerade erfolgreich den Hauptschulabschluss gemacht und lernst jetzt für die Mittlere Reife. Welche Ziele hast du noch?
Florin: Abitur. Studium. Geschichte.

Über die Fernschule hast du nun auch Englisch gelernt. Fällt es dir leicht, andere Sprachen zu lernen?
Florin: (nickt) Ja.

Findest du das Schreiben auf dem Computer anstrengend?
Florin: Es ist ein neues Leben!

Was bedeutet das Schreiben für dich?
Florin: Unter euch sein zu dürfen.

Du verfasst inzwischen viele Gedichte, schreibst an deiner Autobiografie. Was ist dein Ziel beim Schreiben?
Florin: Alleine das neue, nette, menschliche Sein zu bewältigen.

Wenn ich einen Text schreibe, verwerfe ich oft Sätze oder beginne immer wieder neu. Wie ist das bei dir? Verwirfst du deine Gedichte immer wieder oder hast du sie fertig im Kopf und schreibst sie auf?
Florin: (verneint) Ich bin genialer als du. (lacht)

Wann entstehen die Gedichte, gibt es besondere Momente?
Florin: (verneint) Ich habe den Gedanken schnell.

Was sollen andere über dich wissen, was ist dir wichtig?
Florin: Sie sollen nicht glauben, Sein mit Autismus sei Dummheit.

Gedicht

Düstere Gedanken
Frohe großartige Gedanken

Sorgen
Tröstendes

in Worte gefasst

mit Fragezeichen
und
Ausrufen
und
Aufgaben
Durchzogen

Ruhe im Geist bewirkend
Freiheit im Geist erlaubend

Ketten ablegend

Freiheit des Dichters
Freiheit des Lesers

Freiheit aller?
Fragezeichen! (2016)

Gegenwart: neue unbekannte Gefühle – Erfolg, Anerkennung, Stolz

Wie ich Euch bereits wiederholt geschildert habe, bezeichne ich mich selbst als ruhelosen, eigenartigen und richtungslosen ›nur fast Mensch‹, da ich ohne Hilfe eigenständig nicht überleben kann, daher also nur fast ein Mensch bin.

Umso glücklicher macht es mich, wenn ich spüre, dass man immer mehr glaubt, dass ich nicht dumm bin, und das macht mich stolz, etwas, was ich vorher nie erlebte, was ich aber jetzt, glaube ich zumindest, verstehen kann: stolz sein auf sich. Traurig macht mich aber gleichzeitig, dass viele immer noch nicht glauben, was sie sehen. Warum? Könnt Ihr, meine Leser, das beantworten, das ›Warum‹? Ist es Neid?

Ich als Autist kenne Neid nicht, weiß aber inzwischen, was es ist und dass es das bei Euch gibt. Sich entfernend von solch belastenden Gedanken an negative Eigenschaften von Menschen, denke ich lieber an Stolz. Stolz macht mich zum Beispiel ein Artikel in der Zeitung über mich und wie mir berichtet wurde, kann man mir den Stolz auf dem Foto, dass der Zeitungsphotograph von meiner Mutter und mir machte, sehen. Schaut Euch das Foto an: Wenn auch Ihr den Stolz sehen könnt, lacht, wenn nicht, lasst das Lachen sein.

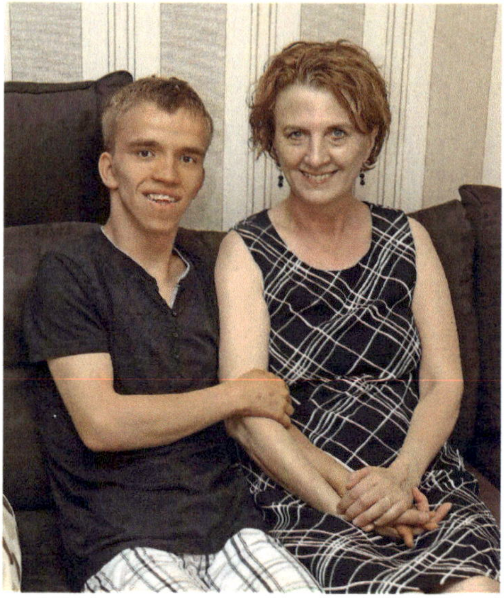

Stolz empfinde ich besonders bei der Überschrift des Artikels:

›***Florin ist nicht dumm***

Wie ein 20-jähriger Autist sich mit Hilfe seines Computers erstmals verständlich machen kann.

Es ist eine unglaubliche Erfolgsgeschichte: Sein Leben lang galt der Autist Florin Müller als geistig behindert. Erst mit der Methode der gestützten Kommunikation gelang es dem 20-jährigen zu zeigen, was in ihm steckt. Inzwischen hat er sogar einen Schulabschluss.‹*

---

* Saarbrücker Zeitung, Saarlouiser Rundschau Nr. 157 vom 10. Juli 2015

(Birgit Müller) *An dieser Stelle möchte ich erneut darauf eingehen, dass es nicht leichter geworden ist. Denn inzwischen ist alles anders geworden, nichts ist mehr wie früher und leider ist damit auch alles schwieriger geworden, was ich ja schon im Kapitel ›Sich einlassen zulassen‹ angesprochen hatte.*
Zu Beginn der raschen und drastischen Fortschritte und der Entwicklung von Flo durch das Schreiben schien es allen Außenstehenden ja noch sinnvoll, ein Kind, das nicht reden kann, zum Schreiben zu bringen, damit es sich verständigen kann. Jetzt schreibt genau dieses Kind aber Gedichte, die von 80 Leuten, die sie in unserem Umfeld lesen, nur eine Handvoll direkt versteht. Das geht manchem zu weit. Das kann und darf nicht stimmen!
In diesem Zusammenhang möchte ich Florins Freund Julian, der ebenfalls als frühkindlicher Autist erfolgreicher Schüler einer Fernschule war, zitieren, da er die gleichen Erfahrungen macht und sie in einer Botschaft an seine Eltern folgendermaßen ausdrückt:

> *›Fein wäre, wenn sich auch andere Menschen, die mich kennen, über die meinigen Leistungen freuen würden. Bitte sagt das weiter.‹* (Julian Bodem, 2013)

Neid entsetzt mich immer wieder.

Oft höre ich Trost suchende Worte bei meiner Mutter, richtig verzweifelt, dass sie erkennen muss, dass Leute in ihrer Missgunst zu unserem bisschen Glück ohne Hemmung böse Reden finden. Leider kenne ich kein Heilmittel für diese Leute, was ihnen helfen könnte.

Gegenwart: Tagesförderstätte

Leider weiß ich selbst, auch wenn manche Menschen es nicht glauben, dass ich es weiß, dass mein Verhalten keine Harmonie mit meinem Geist bildet. Wie ich schon schrieb, handele ich oft kopflos und willenlos, was viele Menschen nicht verstehen und was leider auch manche Fachleute nicht verstehen wollen. Ich glaube, dass sie es nicht verstehen wollen, denn sonst würden sie uns nicht so unbarmherzig tief im Innern verletzen, uns töten, unseren Lebensmut vernichten, unser Leben auslöschen, wie Giftschlangen. Ich erlebe das leider immer wieder und wenn ich darüber nachdenke, sticht in mir ein tiefer quälender Schmerz.

Während ich dieses Buch schreibe, war für einige Zeit meine Zukunft ein noch größeres Fragezeichen und das machte mich wahnsinnig vor Verzweiflung. Ich wurde nämlich von einer Werkstatt für Behinderte suspendiert, einer Werkstatt, wo man mich für drei Wochen zur Probe nur ungern aufgenommen hatte, ungern, weil ich mich oft zu laut und mich nur schwer kontrollierend zeige.

Wohl wissend, dass man mich nicht gerne nahm, konnte ich mich nicht zur willentlichen Kontrolle meines Tuns zwingen. Ich war kopflos und ohne Kraft, dem ungewollten Handeln entgegenzustehen, denn ich war haltlos, haltlos durch das Spüren fehlender Zuneigung. Diese Abneigung, der Widerwillen mich ertragen zu müssen, ließ immer wieder Schwaden, Wolkengebilde der Erinnerung an meine ersten Lebensjahre in Rumänien in mir hochwirbeln, Bilder, die mich in unsagbare Wut, verzweifelte Wut versetzten und mich dadurch zu furchtbarem Verhalten brachten.

Es war dieselbe nicht tröstende Umgebung mit vielen traurigen Körpern um mich herum, Körper, verdammt zur Untätigkeit, verdammt zum stillen, in sich verborgenen Leiden, nicht verstanden und nicht verstanden werden wollend.

Ich weiß nicht, was mich in Rumänien erwartet hätte, wenn nicht die lieben Leute gekommen wären, um mich mitzunehmen. Ich habe aber irgendwann später einmal gehört, was mir wahrscheinlich passiert wäre, denn ich gehörte, wie ich erfuhr, zu den Bildungsunfähigen, zu den Schwachsinnigen, wie sie es nannten und die wurden weggesperrt, weggesperrt zum Sterben.

Nach einem Wutausbruch in der Werkstatt schrieb ich in meiner verzweifelnden Hoffnung auf Erlösung meiner Therapeutin Folgendes:

> *›Ich bin hier wieder sehr richtig einsam. Es redet niemand mit mir, ich erhalte nur Befehle und daher jagt es mir Angst ein, wieder ein toter Körper zu werden. Verlassen sein schmerzt sehr.‹*

(BIRGIT MÜLLER) *Laut Aussage im Bericht der zuständigen Poliklinik in Slobozia wurde das Kind während der ganzen Zeit im Waisenheim von niemandem besucht. Kein Vater, keine Großeltern, keine Tanten oder Onkel, niemand kam. Kein Wunder, dass diese Erfahrung der Verlassenheit Florin immer wieder einholt, sobald eine ähnliche Situation eintritt.*

Als meine Mutter mich dann zuhause an dem schlimmen Tag fragte, was los sei, ging es mir so schlecht, dass ich keine Worte fand, keine Worte der Erklärung, keine Worte der Entschuldigung. Mein aufgewühltes Inneres ließ nur folgendes Flehen zu, das meine Mutter kopierte, so dass ich es Euch hier wiedergeben kann:

> ›*Errettet die Rechnung, die der Unrast entgangen ist. Fragt die Signale, fragt die rechten Erreger, die Steuerer, die das darstellen, fragt die Rechten, die Steuerer, die das Sein darstellen, denn nur sie wissen, was sie tun.*‹

Nach der Suspendierung war ich zuhause. Niemand wollte mich. Man sah mich als Gefahr und nicht als schwachen Menschen, mehr als Wesen, als Unwesen und nicht als Lebewesen. Ich hoffte, hoffte auf jemanden, der mir eine Chance gibt, eine Hilfe, mich weiter entwickeln zu können, um den leuchtenden Stern im Universum doch noch zu erreichen.

Diese Chance gab mir die Tagesförderstätte der Lebenshilfe. Dort bin ich glücklich. Man nimmt mich ernst, glaubt an mich, verzeiht mir mein oft grässliches Verhalten und unterstützt mich, meinen Weg des Lebens weiter fortschreiten zu können.

Meine Mutter sagt, dass viele Menschen meinen, ich sei dumm, da ich mich dort unter den schwer behinderten Mitmenschen wohl fühlen kann. Ich sage Euch, warum ich das kann: Dort kann ich unter guten, neidlosen Menschen Frieden finden, Frieden mit mir und reinen treuen Glauben an Gutes, schlummernd in jedem Leben.

LEBENSHILFE

Ruhepol in törichtem Autismus

kunstvolle Beschäftigung
einsamer Wesen

einsam

weil ruhelos unter
beunruhigender Macht leidend

einsam

weil ohne Hilfe nicht
für ein MenschLeben geschaffen

LebensHilfe

Zuflucht

Schutz

Befühlen des Lebens
ermöglichend

In Ruhe und Geduld
gelingt es hier

Seinwesen zu
Lebewesen
erwachen zu lassen

denn

Sein ist leider nur Anwesenheit
kein wahres Leben
da Fehlen von Stolz
Erleben von Hoffnung und
Ruhe findendem Frieden

Lebenshilfe folglich
Hilfe auf

dunklem, gefährlichem
ohne Kraft nicht machbarem Weg

Lebenshilfe
ein Licht unter dunklen Fassaden
ein Licht der Geborgenheit

Lebenshilfe
ist
Lebenslicht (2015)

Gegenwart: Fernschule

(BIRGIT MÜLLER) *Seit Anfang 2013 nimmt Florin nun am Programm der Flex-Fernschule teil, und zwar mit einem Erfolg, der für uns alle unvorstellbar gewesen war. Bereits nach knapp 15 Monaten legte er seinen vorgezogenen Hauptschulabschluss ab, mit der Gesamtnote 1,4. Seine Leistungen in den einzelnen Fächern und besonders in Deutsch waren so herausragend, dass er Kurse überspringen konnte. Mathematik, Fremdsprachen, Sozialkunde, Erdkunde zu lernen und darin Prüfungen abzulegen – all das war bis zu dem Zeitpunkt für sein Umfeld nicht denkbar gewesen.*

> *›Inzwischen lernt Florin weiter für den Realschulabschluss. Zu Hause paukt er mit vier Stützern mindestens zwei Stunden täglich. »Er fordert das«, sagt die Mutter. Er sieht gerne Fernsehen, hört Deutschlandfunk, er kann den Computer allein benutzen, googelt viel. Florin ist unheimlich wissbegierig und wild aufs Schreiben, beschreibt Birgit Müller. »Alles, was er bis dahin nicht machen konnte, holt er jetzt nach.«‹*[*]

Das Lernen an der Flex-Fernschule hilft, sich im Leben zu dem Mut zwingen zu können, sich rivalisierenden Mächten zu stellen. Zu schaffen ist das nur mit riesiger Kraft, immensem Willen und tiefer Hoffnung, Tugenden,

---

[*] Saarbrücker Zeitung, Saarlouiser Rundschau Nr. 157 vom 10. Juli 2015

die man auf einer Fernschule lernt. Ich bin bisher gerne an der Flex, denn ich lerne gerne. Durch die Fernschule kann ich nämlich endlich zeigen, dass ich nicht dumm bin, dass ich in all den Jahren der Hoffnungslosigkeit versucht hatte, so viel wie möglich zu lernen, zu lernen, unbemerkt von Euch, die mich für dumm hieltet. Endlich erkennt man mein Wissen und lobt es, vor allem die Lehrer der Flex.

Schule tut gut, was auch Julian so sieht:

> *›Schule macht mir Freude. Es hat eine sonderlich hohe Bedeutung, von den Lehrern gelobt zu werden.‹* (Julian Bodem, 2012)

Außerdem stärke ich durch die Flex die Hoffnung auf ein richtiges und feines Leben sowie die Hoffnung, in zukünftigen unfeinen Unruhen durch meine grausigen Gestalten in mir Halt zu finden.

*(*BIRGIT MÜLLER*) An früheren Stellen legte ich schon dar, dass wir uns ständig rechtfertigen müssen. Das ist inzwischen, seit Florin erfolgreicher Fernschüler ist, ausgeprägter und bezieht sich fast immer auf diese schulische Ausbildung und die damit verbundenen Kosten, die zum Teil von offiziellen Stellen zu unserer Unterstützung gegen Vorlage von Leistungserfolgsbescheiden übernommen beziehungsweise bezuschusst werden.*

> *›Für so was haben wir Geld, aber unsere gesunden Kinder werden nicht gefördert.‹*
> *›Warum soll Flo überhaupt einen Schulabschluss machen? Was bringt ihm das? Der endet doch eh im Heim! Und für so einen Quatsch gehe ich arbeiten und bezahle Steuern.‹*

Zum Abschluss des Kapitels Fernschule möchte ich Euch, liebe Leser, ein paar Äußerungen von mir auf persönliche Fragen, die mir von Lehrern der Flex gestellt wurden, vorstellen. Sie geben Euch einen kleinen weiteren Einblick in mein Innenleben. Die ersten Fragen stammen aus dem Jahr 2013, also zu Beginn meiner Schulzeit dort und die letzten fünf Fragen aus Ende 2014:

Arbeitest Du am Computer?
Ja, ich schreibe, um zu zeigen ein einsames intellektuelles Wesen im Jammer des Autismus.

Welche Aufgaben machst Du am liebsten?
Am liebsten arbeite ich am PC bei besonders klaren Aufgabenstellungen.

Wovon träumst Du?
Euer kunstvieles Leben zu erobern.

Was meinst Du mit ›kunstvieles‹?
Sagenhaftes.

Welche Wünsche und Vorstellungen hast Du von Deinem Leben?
Ich zähle die Tage eines unfreiwilligen Lebens im Autismus. Zu Stärke zu dringen, erfüllt jetzt Kopf und Art mit riesiger Freude.

Was ist nötig, damit Dir andere Menschen nicht fremd gegenüberstehen?
Sie müssen viel Geduld haben.

Welche Überschrift würdest Du Deinem Leben momentan geben?
In befremdenden Fängen.

Versuche, Deine Lebenssituation in einem Satz zu beschreiben!
Mein tückischer, herzloser innerer Gegner führt nur allein Regie.

Was sind Deine guten Eigenschaften?
Zuverlässig, hurtig, schlau.

Was sind Deine schlechten Eigenschaften?
Zornig, zu laut, ruhelos.

Welche Eigenschaften hättest Du gerne?
In Ruhe sein, intelligenter sein, mehr im Leben sein, beständig sein.

Nenne eine Deiner Begabungen, die Dir spontan einfällt, da sie Dir besonders wichtig ist!
Mein literarisches Schaffen.

Wie ich schon an anderer Stelle niederlegte, liebe ich ganz besonders das Schreiben von Gedichten. Daher hat mir auch das Lernpaket der Flex zum Themenbereich ›Lyrik‹ besonders große Freude bereitet, so große Freude, dass ich Euch an dieser Stelle etwas daraus wiedergeben möchte:

›***Aufgabe: Schreibe dein eigenes Gedicht über den Ort, an dem du geboren sein oder leben willst. Du kannst dich dabei an das Gedicht von F. Frei anlehnen.***‹

Friederike Frei

Ich möchte auch in den bunten
Städten geboren sein

von denen die Häuser
träumen

wo jedes Gesicht
versteht

und der Augenblick
überlebt

wo man bleibt
wenn man geht.‹

Ich lehnte mich, wie Ihr sehen werdet, zwar an die von der Fernschule gegebenen Vorgaben – kursiv und fett gedruckt – an, aber formulierte mein Gedicht bewusst freier, nicht gebunden an einen Ort. Ich konnte es einfach nicht anders machen, denn ich lasse mich nicht gerne in literarische Ketten legen, da mein Leben schon genügend gefesselt und geknebelt ist.

Florin Müller

Ich möchte auch in Freiheit
ohne starre Ketten geboren sein
nur weiche Ketten

von denen Glieder
herrlich ruhig mich umarmen

wo Liebe ohne Luft gedeiht
da von innen kommend

und Leben lebenswert
erstrahlt

wo man bleibt
wenn man geht

›Aufgabe: Schreibe ein Gedicht zum gleichen Thema wie F. Mayröcker! Du kannst dazu einzelne Sätze und Wörter übernehmen.‹

Friederike Mayröcker

was brauchst du

(…)

Du brauchst einen Baum du brauchst ein Haus

Keines für dich allein nur einen Winkel ein Dach

zu sitzen zu denken zu schlafen zu träumen

zu schweigen zu schweigen zu sehen den Freund

die Gestirne das Gras die Blume den Himmel.

›Aufgabe: Schreibe zwei Haikus. Beachte dabei die Haikuregeln: 1. Zeile = 5 Silben, 2. Zeile = 7 Silben, 3. Zeile = 5 Silben. Du kannst dazu aus diesen Themen wählen: Hass, Reisen, Skaten, Wasser, Regen, Sonnenblumen, Ferien.‹

›Hass ist grauenvoll

Unter Menschen verbreitet

Menschheit vernichtend‹

›Schnee in der Natur

Alles ist in weißer Pracht

Doch der Regen naht‹

Da ich, wie schon gesagt, Gedichte schreiben liebe, weil es mich nicht in Ketten legt, orientiere ich mich nicht an Sätzen und Wörtern von F. Mayröcker.

Florin Müller
was brauchst du
(...)
Sonne Mond Licht Jubeln
tiefe beglückende Liebe
der Fremdheit genügend
genügend der Befindlichkeit des Wohlergehens
Gesellung einer Menschengruppe
zu Einheit Leben Heimat.

Da ich gerne noch ein Haiku zu meiner Situation schreiben wollte, schrieb ich ein weiteres, eins, nicht zu der vorgeschlagenen Themenauswahl passend:

›Gefangen in sich
Von starker Gewalt beherrscht
Den Durchbruch geschafft‹

Zukunft

Erfüllung von Träumen

Ruhe vor Wurzel treibenden düsteren Gedanken

Unendliches Gefühl von Frohsinn und Liebe

Oder

Jeglichen Glückszustand nicht erlaubend

Himmlisches nicht im Leben spüren lassend

Bedrohungen durch fremde lebensfeindliche
Mächte zulassend

Zukunft – Ungewissheit

Folglich

Zukunft – Fragezeichen (2015)

Meine Zukunft: ein Märchen?

Auf die Idee, die Frage nach meiner Zukunft und meinen Wünschen und Hoffnungen in Form eines Märchens zu beschreiben, kam ich durch eine Aufgabenstellung der Flex-Fernschule:

> ›*Verwandle dich in eine MärchenerzählerIn. Welche Wunder würden in dem Märchen passieren? Was müsste geschehen, damit alles ein gutes Ende findet? Lass deiner Phantasie freien Lauf!*‹
> (Flex-Fernschule, Lernbrief)

Und hier mein Märchen. Wenn einmal die Zeit erreicht sein wird, wird ein trauriger, armer und nutzloser, da von einem tückischen und herzlosen Gegner beherrschter Bursche glücklich, reich und erfolgreich sein. Den Weg dahin erzählt folgendes Märchen:

Auf der Suche nach dem Ja zum tollen Dasein. Ein Märchen

Es war einmal ein intelligenter, Gefahren trotzender, aber Ruhe suchender Junge. Er suchte das Ja zum tollen Dasein, aber das Ja war versteckt. Somit machte sich der Junge auf den langen und mühsamen Weg, das Versteck vom Ja zu finden. Als Proviant nahm er Kakao und Brei mit, verabschiedete sich von seiner Familie und zog los.

Sein Weg führte ihn durch tiefe Wälder und über umständlich zu erobernde Höhen. Es war nicht leicht. Es war immer ein Kampf mit richtig Energie raubenden Elementen und Gefahren.

›GEFÄHRLICHER WALD‹ (von Gregori Lerner, 2016)

Sehr zuversichtlich aber wanderte der Junge mutig weiter. In der Einsamkeit der Natur traf er eines Tages ein armes Mädchen, das nur Lumpen trug und nichts hatte außer einem kleinen Kätzchen. Der Junge liebte spontan die Herzlichkeit des Mädchens und seine Güte, seinen letzten Bissen mit dem Kätzchen und ihm zu teilen. Am Abend saßen die drei gemeinsam am Feuer und lachten und freuten sich und der Junge erlebte ein sonderbares, inneres, ihm bislang fremdes Gefühl der Wärme.

Am nächsten Morgen fragte er das Mädchen, ob es mit ihm weiterziehen wolle, um das Ja zum tollen Dasein zu suchen. Das Mädchen war einverstanden und so zogen sie zusammen mit dem Kätzchen weiter.

Wenig spürte der Junge noch Frost und Sorgen, er war glücklich. Am besten tat ihm aber sein ihm Ruhe zur Zuversicht gebendes Gefühl, das ihm so ausgeprägt völlig neu war.

Es dauerte drei Tage, da erreichten sie eine kleine Höhle unter einem hohlen Baum. Dort wurde ein Männlein auf sie aufmerksam.

»Hoppla, was jagt ihr denn so furchtlos hier in der kalten Landschaft herum?«, fragte es die Kinder.

»Wir suchen das Ja zum tollen Dasein, es hat sich irgendwo versteckt. Kannst du uns helfen«?

Das Männlein erwiderte: »Hier ist es nur kurz und leise vorbeigekommen, hat mir aber Wärme gegeben sowie Freude und Liebe, auch an mühevoller Arbeit, außerdem noch Heiterkeit, selbst in düsteren Lagen und Lachen im

Leben. Lauft den Weg, den ihr gekommen seid, forsch weiter entlang, ohne zu verzagen, behaltet dabei Treue und Zuversicht, dann werdet ihr das Ja finden.«

Ohne die Worte des Männleins, die er ihnen zum Ja gesagt hatte, zu verstehen, befolgten sie dennoch seinen Rat und folgten weiter dem eingeschlagenen Weg. Tiefer und immer tiefer irrten sie gedankenlos durch dunkle düstere Abende, hüteten aber dabei immer ihre Treue und Zuversicht, so wie ihnen das Männlein geraten hatte. Hoffnung im Herzen trieb sie an. Oft ertrugen sie Einsamkeit und Übermüdung kaum noch, aber ihr Zusammenhalt half, es zu ertragen.

Eines Nachts, als sie in einer kleinen verlassenen Hütte schliefen, erschien ihnen eine Fee.

»Ihr seid mutig und herzlich und daher möchte ich Euch helfen«, flüsterte sie ihnen zu. »Wenn ihr den mühsamen langen Weg hoch auf den Hügel geschafft habt, werdet ihr in der Ferne eine Stadt sehen, wo ihr das Ja zum glücklichen Dasein findet. Folgt einfach dem Vögelchen, das ihr am Stadttor seht. Es führt Euch zum Versteck des Ja.«

Als die Kinder am nächsten Morgen aufwachten, folgten sie gern dem Ratschlag und erreichten, von Hoffnung und neuem Mut getragen, schon bald die Spitze des Hügels. Nun lag die Stadt vor ihnen in einem großen Flusstal, das war aus feinstem dunkelgrünen Gras und der Fluss selbst war herrlich glänzend, von richtig überragender Schönheit und statt mit Kieselsteinen war sein

Grund bedeckt mit Edelsteinen, die in allen Farben leuchteten. Die Stadt war torwärts geschmückt mit Fahnen aus feinsten edlen Stoffen und die Häuser waren aus purem Gold und Silber und leuchteten in tiefem Amethyst.

»Schau nur«, rief der Junge, »da lebt es, das Ja zum tollen Dasein, wir haben es gefunden.«

»So etwas habe ich noch nie zuvor gesehen«, antwortete das Mädchen. »Ich hätte nie geglaubt, dass das Dasein so toll sein könnte.«

Überglücklich, endlich am Ziel der langen Reise zu sein, gingen sie, wie die Fee gesagt hatte, zum Stadttor,

›TRAUMSTADT‹ (Hartmut Keller, 2016)

wo sie auch schnell das Vögelchen erblickten, das sich spontan in die Lüfte erhob und vor ihnen durch das Tor in die Stadt flog.

Aber was die Kinder dort sahen, verstanden sie nicht. Überall Reichtum, Überfluss, die Armut war gewichen, sie war hier unbekannt, aber stattdessen herrschten offensichtlich Zorn, Habgier, Hetzerei und Schlägerei. Die beiden erkannten schnell, dass jeder noch mehr wollte, niemand schien zufrieden und das führte zu Diebstahl, Betrug und sogar zu Mord, wie die Kinder mit eigenen Augen erleben mussten. Eng schmiegte sich das Kätzchen an ihre Beine, um vor den Tritten der tobenden grölenden Kinder, die sich gegenseitig mit Steinen bewarfen, geschützter zu sein.

Das Vögelchen aber setzte sich nirgends in den unwirtlichen, da feindseligen Straßen nieder, sondern flog weiter durch den menschlichen Sumpf, flog an der Rückseite der Stadt aus dem Tor heraus und ließ sich erst dort, unmittelbar vor dem Stadttor, wieder nieder. Verwundert blieben die Kinder stehen, denn aus dem kleinen Häuschen aus Steinen gebaut, auf dem das Vögelchen saß, schallten helles Lachen und beruhigende Stimmen. Ein Mann mit einem Korb dottergelber Pflaumen ging gerade durch den großen Obstgarten Richtung Haustür und als diese aufgemacht wurde, fiel ihm ein kleines Mädchen lachend in die Arme.

Die Kinder schauten sich an, blickten auf zu dem Vögelchen, das ihnen zupiepste und da sahen sie es, das

Versteck des Ja zum tollen Dasein. Es war in ihnen, sie hatten es nur nicht erkannt, weil es in ihnen versteckt war.

Überfluss wie in der goldenen Stadt erschwert friedvolles Dasein, erschwert Glück, macht den Menschen herzenskrank. Wichtiger sind Schutz, Liebe und gute Freunde. Das allein ist das Ja zum tollen Dasein.

Glücklich winkten die Kinder dem Vögelchen zu und machten sich auf den Heimweg, das Ja zum tollen Dasein in sich ganz fest haltend.

Und wenn sie nicht gestorben sind, leben sie noch heute glücklich im gegenseitigen Schutz, in gegenseitiger Zuneigung, in Dankbarkeit und froh in ihrer täglichen Arbeit, denn nicht materieller Erfolg ist der wahre Erfolg im Leben, sondern wahrer Erfolg liegt im Finden dessen, was einen von innen heraus glücklich macht.

Ende

Die Frage nach Realität und Irrealität

›Ich mache mich auf den Weg in die Zukunft. Ich tappe im Dunkeln. Was wird mich wohl erwarten? Wie wird es in fünf Jahren in meinem Leben aussehen?‹
(Flex-Fernschule, Lernbrief)

Vermutete Realität	**Vermutete Irrealität**
Realschule	sprechen können
In jeder Situation ohne Stütze schreiben können	Hilfe nicht mehr brauchen
Frieden und Treue bei meinen Begleitern	kein Autist mehr sein
Zuhause wohnen	Geld verdienen
Abitur vorbereiten	große Stärke haben

Denkt nur an das Märchen: Das, was zunächst als reales Ja zum tollen Dasein erschien, zeigte sich als irreal, was ein tolles Dasein betrifft.

Daher sollte man Hoffnung und Mut niemals aufgeben, denn sie sind ein Meilenstein auf dem Weg zu einem für einen selbst tollen Dasein.

Verlassen in dem Waisenheim in Rumänien, hätte niemand geglaubt, dass das Glück jemals in mir Einzug halten würde, dass ich liebe Eltern und Geschwister haben würde und dem Weg zum leuchtenden Stern folgen könnte. Aus einer scheinbaren Irrealität wurde Realität.

Da es mir, wie ich Euch schon schrieb, viel leichter fällt, meine Gedanken in Gedichten auszudrücken, beende ich dieses Kapitel auch mit einem Gedicht:

Realität – Irrealität

irreal zu real
Polarisation
von
wirklich und unwirklich

gleichzeitig

Frage:

Was kann sein?
Was kann nicht sein?

Was kann sein?
oder
Was darf sein?

Was kann nicht sein?
oder
Was darf nicht sein?

Sein erlauben
aber Sein auch differenzieren in
real und irreal

real
oft vom Menschen bestimmt
Einheitlichkeit der Meinung
vernachlässigend

real zu irreal
wie
Perlen einer Schnur

Übergänge fließend
sich stetig ändernd
heute so, morgen so
heute real, morgen irreal
heute irreal, morgen real

Realität ?
Irrealität? (2016)

Tiefsee

Tiefsee Angst einjagend
Tiefsee umheimlich
Tiefsee nie ruhend
Tiefsee lebend

Tiefsee
fremde Welt
regierend nach eigenen tatsächlichen Verfahren

einsichtig nur für wenige Einsehende

den meisten nicht Einsehenden
Ruhe nehmend

Unruhe bringend
Befremdung bringend

obgleich
stimmenlos

dennoch
stimmenlos beunruhend

Widerspruch in sich

Tiefsee

Autismus (2016)

›TIEFSEE‹ (von Julian Bodem, 2016)

Nachwort

An Euch, liebe Leser, die Frage: Hattet Ihr beim Lesen meines Gedichtes ›TIEFSEE‹ bereits vor dem letzten Wort die schlussfolgernde Erkenntnis entdeckt, die offensichtliche Parallelität von

Tiefsee & Autismus?

Ich denke, ja; Ihr erkanntet sie nach Lesen des Buches auch ohne meinen Hinweis. Ab einer bestimmten Meerestiefe ist ein Leben richtig hart. Riesige Tiere, Monster und Zottelige, machen den Minis dort unten das Leben meist sehr schwer. Vielfach aber sind sie ihnen auch sensationell behilflich, denn die Kleinen finden bei den Großen Schutz durch Verstecken. Nur ein gegenseitiger Respekt und eine damit gekoppelte Zusammenarbeit verhelfen zu einem Überleben in der dunklen Nacht der Tiefsee.

Abschließend möchte ich die Moral dieses Buches, das Euch hoffentlich gefallen und vielleicht auch etwas geholfen hat, noch einmal ableitend wiederholen:

›Lasst Euch auf Hilfe, auf ein Zusammenleben ein. Auf echte Hilfe. Wollt sie. Akzeptiert sie. Lasst sie also zu.

Denn bedenkt, dass auch Ihr, selbst wenn Ihr offensichtlich schwächer und kraftloser seid als andere, anderen helfen und eine Unterstützung bieten könnt, nicht nur umgekehrt.

Bedenkt dies und seid stolz.‹

Bevor ich mein Buch mit Worten des Dankes beende, möchte ich noch ein Gedicht einbringen. Ich habe es geschrieben, um zu bitten, andersartigen Menschen auch ein Leben zu ermöglichen – andersartigen Menschen, da andersartig durch ihr Aussehen, ihre Herkunft oder wie bei mir durch Mehreres, wie zum Beispiel Herkunft und Behinderung.

leben FÜR LEBEN

Schwer solle es dem Mensch sein
Leben ohne Leben
so einfach als Leben
zu deklarieren

denn

es ist vielmehr nur ein Seinszustand
dem Wesentlichen eines ordentlichen

Lebens entzogen

Glück, Treue, Hoffnung. Zuversicht
Akzeptanz, Fremdartiges zulassen:
Nahrung für lebenswertes Sein
für
Leben

Fern von Habgier, Hetzerei, Hass
habe der Mensch auch
Ruhe suchendem Sein
Leben
zu ermöglichen

so dass aus Seinwesen
können erwachsen
Lebewesen

Worte des Dankes

DANKE!

Es unterhält Leben der Menschen.

Danke – das magische Wort.

Es hat durchringende Macht in seiner besonderen Mitmenschlichkeit.

Danke – das Zauberwort.

Es ist im Leben das Frieden schenkende Wort.

Danke – das Friedenswort.

Aber es ist häufig nicht 'richtig' in Gebrauch.

Nur sehr unterschwellig wird es oft gehaucht.

Es kann seine Kraft dadurch nicht voll entfachen.

Danke – das einmalige, aber im Inneren der

Menschen oft verborgen bleibende Wort

Danke! (2012)

Für all meine Helfer hat mein Herz offenen Raum. Ich werde ihre Hilfe, ihr Vertrauen, ihr Zutrauen nie vergessen. Ganz besonders wichtig ist es mir, an dieser Stelle einige Menschen persönlich zu erwähnen:

Für die Mithilfe beim Erstellen des Buches möchte ich zunächst meinem Freund **Julian Bodem** danken, der, genau wie ich, unter den herzlosen Gestalten leidet und den die scheußliche innere Unruhe ebenfalls quält. In einem Interview im Jahre 2008 schrieb er einmal, dass seine große Hoffnung darin bestünde, dass man irgendwann mal den unsinnigen Autismus durch Arzneimittel richtig einstellen könne, um dadurch das schwere autistische Dasein zum Schwinden zu bringen. Ob dieser Wunsch real oder irreal ist, lässt sich noch nicht sagen.

Auch meinem ehemaligen Klassenkameraden **Leon Junker** sowie **Gregori Lerner** und **Hartmut Keller**, zwei Kameraden von der Tagesförderstätte, danke ich von Herzen für das Malen von Bildern für mein Buch. Liebe andere Menschen, die mir zur Seite standen und stehen, die meine Pläne nicht belachten beziehungsweise belachen, die mir immer wieder Mut gaben und geben, kann ich leider nicht alle namentlich an dieser Stelle erwähnen, um ihnen persönlich zu danken. Daher möchte ich hier, sozusagen als Stellvertreter, nur **Christel Roden, Christine Luft, Gabi Blattl, Jana Erbel-Mischkowitz, Jenny Rödelstürtz, Jens Bockmühl-Schmiedel, Simone Margardt, Tobias Klebert** und **Ulli Ohlenschläger** nennen.
Empfehlen möchte ich Euch zum Schluss noch das Gedicht ›ICH DANKE ALLEN‹* von Paulo Coelho, das mir sehr gut gefällt und all meine Empfindungen in einer Art und Weise ausdrückt, wie ich sie nie ausdrücken könnte.

(Florin Müller, im Oktober 2016)

---

* Leicht im Internet zu finden, zum Beispiel hier: https://fwkolbe.wordpress.com/2012/07/30/ich-danke-allen-von-paulo-coelho/

Danke

ist manchmal ein viel zu kleines Wort, um damit das ausdrücken zu können, was man gern ausdrücken möchte.

Ich habe ein Kind, das von null auf hundert aggressiv wird. Es schlägt, kratzt, beißt, spuckt und stellt über Stunden immer wieder dieselben Fragen ...

... und trotzdem kreuzen immer wieder Menschen unsere Wege, die Florin mögen und freiwillig seiner annehmen wie

***Claudia Fuchs** im Sonderkindergarten. Sie war uns in der ersten Zeit eine große Hilfe*

***Heike Dalloz:** Ohne sie wüsste ich nicht, was GK oder UK ist*

*In der Schule unterstützte uns **Christel Roden** über Jahre hinweg. Sie war bis zum Schluss Florins Ansprechpartnerin in Krisenzeiten.*

***Simone Margardt** half uns voll und ganz in Sachen GK. Sie brachte Florin auch die Gebärdensprache bei. Mit ihrer ruhigen und besonnenen Art brachte sie Flo, auch wenn er unter der Decke hing, zurück auf den Boden der Tatsachen.*

***Christine Luft** bekam Flo, egal wie er drauf war, mit ihrer lieben konsequenten Art imer wieder unter Kontrolle.*

***Christian Enkirch** ließ sich im Werkunterricht immer ganz viele besondere Aktivitäten einfallen. Werken war für Florin der Höhepunkt der Woche.*

***Volker Mittermüller**, Leiter der AWO Schule am Ökosee in Dillingen/Saar, gestattete Flo die Vorbereitung zum Haupt-*

schulabschluss parallel zum Unterricht an seiner Schule und ermöglichte ihm dadurch ein schnelleres Erreichen des Zieles.

Ulli Öhlenschläger *war Flos Integrationshelferin über Jahre. Sie musste viel aushalten, hatte aber immer Verständnis für ihn.*

Jens Bockmühl-Schmiedel*, unser Ergotherapeut, half uns, Florin zu strukturieren. Er brachte die ersehnte Ruhe hinein.*

Jenny Rödelstürtz *und* ***Tobias Klebert:*** *als Babysitter unschlagbar und heute so wertvolle Stützer wie auch* ***Jana Erbel-Mischkowitz****. Ohne die drei wäre der mittlere Bildungsabschluss nicht möglich.*

An dieser Stelle möchte ich auch all den Praktikanten danken, die sich über die Jahre mit Florin beschäftigt haben und uns nie enttäuschten.

Silke Barth, Bettina Schuck *und* ***Veronika Weber*** *von der Flex-Fernschule Zweigstelle Landau/Pfalz unterstützten Florin bei der Vorbereitung seines Hauptschulabschlusses mit viel Engagement und gaben ihm dadurch die für ihn so wichtige Sicherheit, es zu schaffen.*

Anke Schumacher, Jennifer Handfest und Viktoria Mohr *bereichern Florins Leben in der Tagesförderstätte.*

Dieter Kautenburger *vom Landesamt Saarbrücken half uns jederzeit unbürokratisch weiter.*

Hanne Kloth*: Ohne sie gäbe es dieses Buch nicht und auch keinen Schulabschluss. Nur sie erkannte das Potential von Florin. Sie ist unser Sechser im Lotto mit Zusatzzahl.*

Nicht versäumen möchte ich es, auch meinem Mann ***Helge*** *zu danken, der immer zu mir hält, egal, mit welcher Idee ich ankomme und was andere dazu sagen. Wenn ich keinen Weg mehr sehe, er findet einen.*

(Birgit Müller, im Oktober 2016)

Florin Müllers Gedichte in diesem Buch

Über den Autor

Florin Müller, Autist, wurde am 2. Dezember 1994 in Fetesti / Rumänien geboren. Seine ersten vier Lebensjahre verbrachte er in einem Waisenhaus in Slobozia. Florin Müller lebt heute mit seinen Adoptiveltern in Dillingen / Saar.

In seinem Buch ›DIE REISE ZUM LEUCHTENDEN STERN ODER EIN ASTRONAUT IM WELTALL‹ verarbeitet er, ergänzt von Schilderungen seiner Adoptivmutter Birgit Müller, die Erfahrungen und Empfindungen auf seinem langen und mühsamen Weg aus einem anscheinend hoffnungslosen in ein hoffnungsvolles Leben.

> »*Greife nach dem Stern, geh es an, mach Dich auf den Weg zu ihm, denn er kommt von sich aus nicht zu Dir.*« (Florin Müller)

Florin Müller ist direkt online auf Facebook zu erreichen: https://www.facebook.com/Florin-Müller-1640538986244292